男孩这样管就对了

孙宏鸣 著

中国华侨出版社
·北京·

图书在版编目 (CIP) 数据

男孩这样管就对了 / 孙宏鸣著 .—北京：中国华侨出版社，2021.3（2024.5 重印）
ISBN 978-7-5113-8411-9

Ⅰ.①男… Ⅱ.①孙… Ⅲ.①男性 – 家庭教育 Ⅳ.①G78

中国版本图书馆 CIP 数据核字（2020）第 226679 号

男孩这样管就对了

著　　者：	孙宏鸣
责任编辑：	刘晓燕
封面设计：	周　飞
经　　销：	新华书店
开　　本：	880 mm×1230 mm　1/32 开　　印张：8　　字数：180 千字
印　　刷：	三河市富华印刷包装有限公司
版　　次：	2021 年 3 月第 1 版
印　　次：	2024 年 5 月第 2 次印刷
书　　号：	ISBN 978-7-5113-8411-9
定　　价：	49.80 元

中国华侨出版社　北京市朝阳区坝河东里 77 号楼底商 5 号　邮编：100028
发 行 部：（010）64443051　　　传　真：（010）64439708
网　　址：www.oveaschin.com　　E-mail：oveaschin@sina.com

如果发现印装质量问题，影响阅读，请与印刷厂联系调换。

前言 Preface

我们一直执着于寻找一套教育方法，寄希望于套用这种方法培养出一个"成功的小孩"。

坦白说，这种想法其实很不靠谱。把不同的孩子打包成一团，无差别教育，不仅没有考虑孩子的个人特质，也忘了把孩子所处的现实环境纳入客观考量。

同样的教育方法，你有可能培养出一个社会栋梁，国士无双；也有可能将一个天才儿童的天赋摧残殆尽，使其泯然于众人。只是，后者的境遇往往不被提及，因为我们习惯忽略事物推进过程中的败笔，或将其定义为特例，却喜欢在各种媒体的渲染下，将那些教育神话。

教育，其实一直没有现成的公式可以套用，试图用一些成功个案来总结教育规律，或寻找某些成才的"捷径"，这是对教育的误解。

优秀的孩子，并不是靠某种教育模式培养出来的，而是得益于良好的土壤，他们能够自我成长，最终才站到多数人站不到的地方。

然而，孩子一旦被剥夺了自我发展的能力，他们就会活得毫无生气，甚至自暴自弃。

孩子无法完成自我发展，在缺乏自我控制感的情况下，即使他的家庭背景不错,即使父母给他的人生做了足够的铺设,即使他最终真的取得了世俗定义的令人艳羡的成果,他们内心的贫瘠与混乱,也会时不时地将其拉入痛苦的深渊。

孩子如果无法自我成长,终其一生,在心理上也是一个巨婴。

其实对于孩子而言,最重要的不是多么成功,而是按自己的意愿经营自己的人生;

其实对于父母而言,最成功的教育不是孩子服从,而是他能与你产生共鸣;

其实对于教育而言,孩子最好的成长是自我成长,最好的控制是自我控制,最好的行为是主动。

其实,我们现在需要做的是,让自己努力向前,做孩子最需要的父母,跟他们建立终身的亲密关系,激发孩子的自驱力,教会他们自己解决人生的难题。

《男孩这样管就对了》,是笔者对家庭教育误区的反思与觉醒,本书将生活中家庭教育遇到的问题与现代教育理念有效融合,文字深入浅出,举例出自生活,具有很强的实用性和可操作性。参透这本书,活学活用举一反三,即使是平凡的父母,也能培养出优秀的男孩。

本书采用众多教育事例,对家长进行具体的教育指导,突出的是生活中各种各样的教育细节。全面分析了男孩的独特的个性特征与心理特征。并针对男孩的性别特征、成长过程中经常出现的问题,提出了更富有针对性的指导。

《男孩这样管就对了》有理念、有案例、有方法,在问题出现之前未雨绸缪,助力父母养育出独立、勇敢、有担当、品学兼优的男孩。

目录 Contents

CHAPTER 01
谁说男孩不好养：你的男孩没错，错的其实是你

> 你说孩子是个问题男孩，从本质上讲，孩子不存在问题，有问题的是你。
>
> 没有你的角度、判定、认为，你眼中会出现一个问题小孩吗？如果你认为孩子有问题，那究竟是谁的问题？孩子原本是张白纸，又是谁给他制造了问题？
>
> 是你，是你身上以及你制造的一些问题，投射到了孩子身上。

为什么你被孩子"厌弃"了 / 002

孩子有问题，越打越严重 / 004

男孩不听话，就是坏孩子吗 / 009

孩子做不好，其实是你期望太高 / 014

孩子离开你，是被你逼的 / 018

孩子放弃努力，可能原因在你 / 021

男孩贪玩，一定没出息吗 / 025

以这种方式爱孩子，他就毁了 / 028

CHAPTER 02
男孩爸妈怎么当：和孩子一起成长，进入高阶教养

> 没有人天生就是教育者，所以养育的过程，实际上也是父母自我成长与提升的过程。
>
> 你给孩子的爱并不需要理由，但它需要技巧。原生家庭的影响，关键时刻的引导，润物无声的管教，考验的全是父母的功力。
>
> 真正优秀的父母，都是男孩生命里的摆渡人。

请注意！你和孩子的内在关系 / 034

你必须为了孩子，提高自己的修养 / 040

孩子需要你展示出真实的自己 / 044

摆正教育和督学之间的正确关系 / 047

在利益和孩子之间，请做正确抉择 / 049

当孩子"孺子不可教"，你该怎么做 / 054

也许正是因为你，才导致孩子蛮不讲理 / 056

做太阳式的父母，对孩子到底有多重要 / 059

CHAPTER 03
男孩也有小情绪：用孩子的逻辑，化解孩子的情绪

> 情绪混乱的男孩，内心各有不同。
> 有时候，他们会认为是自己的过错。当然，我们知道，这并不是他们的错。
> 他们正经历着纠结与无助，认为没有人能够理解他们心中的苦楚，更别提给予他们帮助。
> 我们要让内心混乱的男孩放下心来，这并不难，只需要你钻进孩子的心里看看。

孩子特烦恼，我们如何是好 / 064

男孩的小纠结，并不是个小问题 / 066

懦弱、讨好性格，到底怎么来的 / 070

孩子脾气不好，需要对症轻疗 / 075

男孩的哭泣，和坚强并不成反比 / 078

改造"暴力儿童"，不可操之过急 / 081

引导你的男孩，跟自卑说拜拜 / 086

真正解决亲子代沟，你准备好了吗 / 089

CHAPTER 04
男孩为啥特叛逆：解码男孩逆反心理，放弃无效教育

> 叛逆不等于变坏，只证明男孩"长大"了。
> 孩子的叛逆在他自己看来，总有他自己的理由，只不过也许在我们看来是不对的，或者说是不成立的。
> 这个时候，我们要以孩子的视角，理解和共情孩子的叛逆，以合适的方法陪伴、接纳并引导孩子，才是良策。

叛逆，并不是"我"的本意 / 094

父母说了算，孩子可不干 / 096

当生命被操控，男孩便会发起反攻 / 099

因为总是被骂，所以他放弃自己了 / 102

孩子拒绝说话，到底卡在哪儿呢 / 104

加上原则的批评，男孩才不抗衡 / 107

你但凡有点嫌弃，他就自暴自弃 / 111

"快快快"，结果就是"拖拖拖" / 114

让孩子做他喜欢的事，而不是你喜欢的事 / 118

放下你的权威，允许孩子"还嘴" / 120

请以宽容之心，对待男孩青春期的怪异 / 123

CHAPTER 05
对男孩这样立规矩：不打不骂不动气，孩子自觉守规矩

> 我们习惯用自己的方式去强力给孩子施压，以为他们就会印象深刻，就会知错改错。事实上，不是这样的。
> 如果你不倾听孩子的心声，就无法搞清他行为的原因。如果你搞不清楚他的理由是什么，想改变他的缺点就是不可能的。

男孩性格多散漫，自我管理是关键 / 128

适度的处罚，是为了让更多人喜欢他 / 131

让孩子的脾气，成为教育他的契机 / 134

孩子撒泼索要不讲理，不妨试试冷淡计 / 137

彼此的约定，让男孩甘愿奉命 / 141

最好的批评，是让孩子学会自我反省 / 144

责备自己，比责备孩子更有说服力 / 146

小错误及时训诫，防止男孩铸成大错 / 148

只有得到教训，男孩才能在错误中长大 / 151

CHAPTER 06
男孩从小要自立：不揽不替不宠溺，让男孩做最强的自己

> 父母们总是担心孩子输在起跑线上，于是早教班、兴趣班、学区房……恨不得把全部资本都给孩子押上。
> 却独独忘记，让孩子学会独立，才是他一切幸福的前提。
> 我们必须将自己的角色明晰，我们是孩子的陪伴者，而不是他的保姆，更不是他的奴隶。

条件再好，也别把孩子养成"小财主" / 156

现在让男孩独立，是为了他将来顶天立地 / 160

适度挫折教育，让男孩做内心强大的自己 / 162

忍住！别插手！别给孩子依赖你的机会 / 165

爸妈"笨"一点，让男孩多来帮帮你 / 168

爸妈"狠"一点，赋予男孩自理能力 / 171

到了什么年纪，就让他承担什么责任 / 175

CHAPTER 07
男孩就要有能力：提升男孩强者气息，奠定男孩成才的根基

> 养育的终极目的，是有一天你可以安心放手，让孩子在没有你的世界里，依然能够活出丰盛的自己。
>
> 让孩子离开你，还能拥有安身立命的能力，就是父母最大的成绩。
>
> 我们每一天的教养，都是为了孩子的那一天做准备。

男孩的英雄情结，请别人为毁灭 / 180

赶走畏缩怯懦，鼓励男孩带头去做 / 183

爸爸妈妈肯委屈，男孩才有领导力 / 186

帮助你家男孩，摘掉"胆小鬼"的帽子 / 189

在生活的细节里，提升男孩表达力 / 193

送给男孩勇闯天下的能力和勇气 / 198

别以过度保护，剥夺男孩冒险精神 / 201

男孩的组织力，来自父母的贴心鼓励 / 205

放手，让孩子自己学会处理人际关系 / 208

小男孩的矛盾，让他们自己去解决 / 212

CHAPTER 08
男孩可以爱学习：破解男孩厌学心理，淘小子也出好成绩

> 孩子厌学，多是被父母彻底毁掉了学习兴趣。
> 治学的过程是这样的：
> 因为有了兴趣，所以对某件事物更加努力学习，更加有目标去学习，甚至为学习做出很多牺牲，于是才有了后来的成功。

被逼学习的男孩，后来怎么样了 / 218
你的紧张，恰是孩子学习的硬伤 / 220
不紧盯，孩子才能越学越优秀 / 223
孩子成绩差，一样可以读北大 / 225
孩子有了兴趣，学习不是问题 / 229
耐心答问题，成全孩子的思考力 / 232
满足好奇心，允许男孩搞破坏 / 234
让胡思乱想变成孩子的想象力 / 237
请帮孩子把学习加上一个持久性 / 241

CHAPTER 01

谁说男孩不好养：
你的男孩没错，错的其实是你

你说孩子是个问题男孩，从本质上讲，孩子不存在问题，有问题的是你。

没有你的角度、判定、认为，你眼中会出现一个问题小孩吗？如果你认为孩子有问题，那究竟是谁的问题？孩子原本是张白纸，又是谁给他制造了问题？

是你，是你身上以及你制造的一些问题，投射到了孩子身上。

为什么你被孩子"厌弃"了

孩子听你的话，如果是因为你人高马大，那么就是你教育的失败。

如果你放弃威严，放弃你的优越感，那么你得到孩子的信任和尊敬的机会就更大。

其实，孩子和父母的隔阂往往是成人自己造成的。你把自己凌驾于孩子之上，不管对错全要孩子接受，孩子怎么会服气呢？

他会这样想，为什么我做错事要挨打，爸爸妈妈做错了事却没人罚？就凭你比我大吗？父母们这样做，压根就没有考虑过孩子的感受，从心理上分析，这是父母在显示自己作为父母的权利，标榜自己作为父母的身份、年龄与体力，而弱小的孩子当然抗争不过。结果，孩子就只能用沉默或是叛逆来反抗。这种亲子间不平等的交往会导致亲子关系急速恶化，甚至会到不可收拾的地步。

有一个中学生在日记里写道："在家里，我没有幸福的感觉，最近常常会有离家出走的想法。"

他的母亲说："儿子小时候很乖，不管大人如何打骂，从来不顶嘴。"

他的邻居说："这母子俩现在根本不说话，难得说几句话也会很快就吵起来,接着便听到母亲声嘶力竭斥骂儿子的声音。"

　　他本人说:"我中考没考好,妈妈想让我花些钱去重点高中,而我想去普通高中学习,因为这个,我们之间发生了前所未有的激烈争吵;我喜欢打篮球、踢足球,可是,妈妈从来不让我出去玩,整天就知道让我学习、学习。她根本就不尊重我的自由,我真的不想再看到她了,还是外面好,至少没人整天管着我。"

　　这母子俩矛盾爆发的根本原因就在于,做母亲的压根没有站在儿子的角度上考虑问题。她尚不觉得儿子是一个独立的个体,不觉得他应该有自己的思想、自己的判断力,不觉得他需要发展自己的兴趣和愿望,她一味地以自己的尺度来限制孩子,这样非但管不好孩子,反而会让孩子滋生对立情绪。所以,在教育孩子的过程中,家长必须放下架子,成为孩子的玩伴和忠实的朋友。要知道,教育的本身意味着伴随和支持。

　　作为成熟的父母,我们应当善于与孩子沟通,即善于发现孩子在想什么、在干什么。当孩子做出一些成人难以理解的事情时,我们不是当即质问或训斥,而是平心静气地思考一下:孩子的行为是否有合理性?如果缺乏合理性,又是为什么?经过这样的思考,我们就容易了解孩子了,而了解孩子恰恰是教育的成功之道。

　　这要求我们首先要懂得尊重孩子,认识到孩子也是一个独立的个体,也有自己的情感和需要。父母要放下架子,"蹲"下身来与孩子讲话,尽量减少"威严感",增加"亲切感",让孩子感觉到父母和自己是平等的。

另一方面,父母也要勇于承认自己的错误。当我们意识到自己对孩子可能讲错了话、做错了事,要勇于向孩子承认错误并及时道歉。这不但不会降低自己在孩子心目中的威信,反而会使孩子感到父母更加可亲可敬。

教养的秘密

教养,应该宽严适度。

父母既不能为了赢得孩子的开心和笑容,就对孩子的缺点、错误放任自流,听之任之,连他不合理的要求也违心地满足;也不能时时处处苛求孩子,把孩子与别人家孩子进行横向比较,甚至拿孩子的短处去比人家的长处。父母要注意进行纵向比较,一旦发现孩子的点滴进步,就要及时加以鼓励。

孩子有问题,越打越严重

近两年来,地方的报纸报道过几起父母打死亲生子女的事件。这种事件到处都有。事情的起因都非常简单,就是孩子不听话,不好好读书,引起了父母的恼怒。通常开始是骂,骂了,孩子不听,仍然不认真读书,喜好在外面玩耍,于是父母就动手用棍子打。当然开始也还只是小打,因为又有哪一个父母不疼爱自己的子女呢?他们之所以督促孩子读书,骂孩子不读书无非是想孩子成龙。当然"成龙"这只是一个形象的比喻而已,并不是每个父母都敢于奢望自己的孩子成龙。说实话，大多数的父母，也不过是望子多读一点书，成为一个有用的人。

孩子年幼，父母亲有时候过分迷信打骂可以使孩子用功读书或成绩进步，这是相当可笑的想法。应该适时诱导孩子从小对读书产生兴趣，并教导他们正确的社会价值规范。以人为本的教育才是现代年轻父母所应秉持的理念，因为"打"并不能使孩子明了父母的用心，只会在其幼小的心灵上制造不可磨灭的伤痕。

既然只是为了教训孩子，使他有些惧怕，因而即使打也不宜多打。打两三下，作为警告也就够了，这也就是我们常讲的响鼓不用重槌。反之，打多了，打惯了，把一个孩子打皮了。那么，孩子对打也就不会再惧怕。一旦一个孩子对打失去了惧怕，那就最好就此住手，另想他法。如果做父母的仍执迷不悟，认为打一定可以解决问题：不信你不怕打。那么就会越打越重，越打越厉害。

这样也仍然有两种可能：一种是孩子果然被打服了。另一种就是孩子越打越顽强，大人的火气越来越大，以致失去了控制，结果把孩子打出毛病了。

不少父母大打出手，往往习惯打孩子的屁股，他们觉得打屁股不会打坏。但事实并不是这样。

据《华西都市报》载，四川眉山市某学校二年级学生张阳，因为作业错误较多，引起父亲大怒。由于儿子不告饶，父亲取下书包上的人造革背带抽打孩子，仍不解恨，找来竹板打孩子屁股，导致张阳臀部大面积出血，不治身亡。其父不得不去公安机关投案自首……

该不该打孩子屁股，这是个老掉牙的话题。"望子成龙"的想法时时刻刻都在紧紧揪着父母的心，由于某种突发的事件，父母常常会丧失理智而大打出手。

现在让我们从医院开始，请听一个医生的叙述：有一天，我正在值班，一个妇女抱着约莫五岁的男孩，闯进急诊室。这个妇女十分着急地告诉我，这孩子太调皮，玩弹弓把家里彩电荧光屏打烂了。一气之下，她把孩子按在床沿上，用竹板往孩子的屁股上连连乱打……孩子哭叫着，突然呼吸急促，哭叫声断断续续起来，呛咳着直嚷胸肋部疼痛。她掀开孩子衣裤，除了白嫩的屁股上有血痕外，胸部、肋部都没有出现伤痕。她傻眼了，心想自己又没打孩子身上，怎么会这些地方痛？于是，便抱着他来医院检查。

我连忙给孩子听心肺，又请来放射科医师做透视，结果均属正常。经过综合分析，我给孩子下了"急性胸肋痛"的诊断。老百姓把这种病叫作"岔气"，疼痛起来可厉害得很，严重的还会发生休克！我取来中成药"通关散"，往孩子鼻黏膜上轻轻地吹一点，孩子接连打了几个喷嚏；我又给他注射了安定和阿托品，不断地在孩子的内关穴和外关穴上捏揉。没多久，孩子的呼吸平稳了些，疼痛也开始渐渐消失。

这时，我才告诉孩子的母亲，因为孩子挨打时全身剧烈晃动，加上又急又怕的精神刺激，造成呼吸肌痉挛而胸肋疼痛。

看见孩子已基本恢复常态，那位母亲似乎还不理解，怏怏地说："我只打他屁股呀！"

我严肃地说："打屁股引起的怪症还多着哩……"父母打孩子的屁股时，一般都叫孩子趴在床上或其他依靠物上，由于孩子常常会胡乱摆动，睾丸有可能被床沿或依靠物损伤，最常见的是睾丸血肿或破损。打屁股时，父母生气地拉着孩子一只手，有可能用力过猛，使他那直径与桡骨头几乎相等的桡骨颈从环状韧带中往下滑脱而呈半脱臼状态，也就是医学上所称的"牵拉肘"。还有，打孩子屁股时，一般都使用质地坚硬的竹木片。如果打的时候用力过猛，往往会引起孩子臀部肌肉局部血肿，血液循环不畅而发生坏死性炎症。打孩子屁股时，有的父母在极度气恼中丧失理智，会因为用力太大损伤孩子的梨状肌，挫伤坐骨神经，引起下肢麻木，甚至瘫痪。打孩子屁股时，父母有可能失手而误伤孩子的头部、胸部，或者在混乱中伤及肝、脾、肾等脏器，内出血而危及生命……

这些情况都是常常发生的。年轻的父母们，请放下你的板子！无论孩子犯了什么错误，都要进行耐心细致的教育，"大打出手"的做法是解决不了根本问题的。尤其是今天的孩子，他们成熟得早，他们没有什么封建传统的束缚，有着更强的独立意识。这就是为什么打多了，他们不是更怕打，而是仇恨和反抗的原因。

父母打孩子往往是出于一时冲动，大多没有经过深思熟虑，但却会造成不可弥补的严重后果——使孩子产生不良的心态和心理偏差。如孩子说谎，正是因为有的父母一旦发现孩子做错事就打，孩子为了避免"皮肉之苦"，瞒得过就瞒，骗得过就骗，骗过一次，就可以减少一次"灾难"。可是孩子说谎往往站不住脚，易被父母发现。为了惩罚孩子说谎，父母态度更加强硬；而为了逃避挨打，孩子下一次做错事更要说谎，这样就构成了说谎的"恶性循环"。

如果孩子经常挨父母的拳打脚踢，时间一久，这种孩子一见到父母就会感到害怕，不敢接近。因此，不管父母要他做什么，也不管父母的话是对是错，他都只得乖乖服从。在这种不良的"绝对服从"的环境下成长的孩子，常常容易自卑、懦弱。

　　这种孩子往往会唯命是从、精神压抑、学习被动。孤僻而且经常挨打的孩子会感到孤独无援，尤其是父母当众打孩子，会使孩子的自尊心受到伤害，往往会怀疑自己的能力，会自感"低人一等"，显得比较压抑、沉默，认为老师和小朋友都看不起自己而抬不起头来。

　　有的父母动不动就打孩子，损害孩子的自尊心，使他们产生对立情绪、逆反心理，于是，有的孩子用故意捣乱来表示反抗。你要他向东，他偏要向西，存心让父母生气。有的孩子父母越打越不认错，犟劲越大，常常用离家出走、逃学来与父母对抗，变得越来越固执。

　　男孩淘气是难免的，我们虽然要约束孩子的行为规范，但绝不要动不动就向孩子发火，或者体罚孩子。这对孩子的伤害太大了！

教养的秘密

　　不用怀疑，体罚是起不到良好的教育作用的。虽然孩子受到了"皮肉之苦"的折磨，但是他们并没有认识到自己犯错的原因，也不知道如何改正，这无形中就剥夺了孩子承认错误和改正错误的机会。得不偿失。

　　聪明的父母必须学会循循善诱，让孩子高高兴兴地按自己的愿望办事。

男孩不听话，就是坏孩子吗

中国是文明古国，当然，也残留了不少封建意识。其中一个，就是家长喜欢孩子听话，百依百顺，容不得孩子的反对意见，更容不得孩子反驳自己。所谓"父为子纲"，讲的就是这个。

但是，现在的孩子，你想让他百依百顺，简直是天方夜谭，而且，这样做也未必就是正确的。

孩子有他的想法和思维，有他对事情的理解和判断，有他的个人喜好和精神需求，他们不听大人话，往往不是故意捣蛋，也不是对大人的不尊重和不敬爱。他们只是出于本能觉得应该这样做，而且并不觉得自己做错了。

可是，由于多数父母都喜欢孩子听话，所以"不听话的孩子"就成了家长们的心病，说起来就觉得头疼。

可是，孩子"不听话"，真的不对吗？有一位做小学教师的朋友说起自己的一段教学经历，颇有感慨。

一次，这位教师去一年级上数学课，她问："一棵树上站着三只小鸟，一个孩子用弹弓打掉了一只，问树上还有几只？"

几乎所有的学生都举手说："一只也没有了，树上是零只。"

而一个平常不太爱说话的孩子却举手说:"三减一等于二,树上应该还有两只。"

这个孩子的回答引起了全班同学的哄堂大笑,因为这种脑筋急转弯的题目,他们在幼儿园就练习过了。

可是那个孩子却执着地说:"就是两只嘛!"

于是这位教师说:"打掉的虽然是一只,但是弹弓一响,其他的两只就飞走了。"

这样才结束了那场争论。

这位朋友讲完此事,又继续说,其实她觉得那个孩子是很值得称赞的,因为他能不为多数人的意见所左右,有自己的主见不怕被人耻笑,敢于坚持自己的主张。

不知道那些责怪孩子不听话的家长,有没有想到这一层。

发现"万有引力"的牛顿,少年时代很少和同龄的孩子一起玩耍,而爱独立摸索研究事物,在学校里他曾被讥嘲为"乡巴佬"。

发明"相对论"的爱因斯坦的座右铭之一就是"从他人的意见中独立出来"。

这两个大科学家的发明和创见,正是他们能够独排众议、独立思索的结果。当然,要求所有的孩子都这样做是不容易的,因为很多孩子都很难顶住外界的冷嘲热讽和各种压力。有一定的执着,才可能有一定的创造力。

这个道理可能很多父母都能够理解,可是很多父母还是喜欢自己的孩子在家里言听计从,在外不标新立异。当自己的孩子与别人的意见不合时,父母担心因此让孩子背上"不合群"的骂名,遭到他人讨厌。这实际上是强迫孩子顺从大家的意见，这是不利于孩子创造力的发展的。

　　法国人的做法很值得学习。他们认为，容易受别人左右的人没有主见。因此，他们积极鼓励孩子发表不同的意见。我们发现，法国人喜欢孩子相互讨论问题，通过这种方法来磨炼孩子的处事能力。

　　其实，我们也应该适当做出改变——当孩子反对我们的意见时，不要一味责备孩子不听话。如果孩子的意见的确是错误的，我们也应该耐心地说明、解释，这样才能养成孩子有主见、有创造性的良好品质。

　　看下面这个小故事：

　　一次，一位母亲叫孩子去买米。儿子拿了两个提包准备出门，母亲看见，把儿子叫住，说："你怎么不拿小推车去推呢？还拿两个提包！"

　　儿子说："我拿两个提包，一手提十斤就提回来了，何必那么麻烦去推车子呢？"

　　母亲却坚持说："当然是推车子更省力气了！"

　　其实，这种争论是没有必要的。可能母亲的说法对，可是孩子喜欢用手提，就让他提好了，也累不到他不是吗？如果孩子真的感到吃力，那么下次不用大人提醒，他自己就知道推车了。这样做，既是对孩子的尊重，也是让孩子们自己到生活中去亲身体验。对孩子来说，只有通过自己的实践获得的知识，才最牢固。

　　再听听下面这个故事：

　　一个十四五岁的男孩来到青春的路口，似乎有那么一条小路若隐若现，召唤着他前进。

他的母亲拦住他："孩子，那条路走不得。"

孩子说："我不信。"

母亲说："我就是从那条路上走过来的，你怎么还不相信？要知河深浅，需问过来人。"

孩子说："既然你可以从那条路上走过来，我为什么不能走呢？"

母亲说："我不希望你走弯路。"

孩子说："我喜欢，我不怕。"

母亲想了很久，看了孩子很久，然后叹口气说："好吧。你这孩子太倔强了，那条路很难走，一路多加小心。"

孩子雄心勃勃地上路了。在路上，孩子发现母亲没有骗他，那的确是条弯路。孩子碰了壁，摔了跟头，有时碰得头破血流，但是他不停地走，终于走过来了。可是这一走就是多年。

他坐下来喘息的时候，看见一个女孩，自然也很年轻，正站在当年男孩出发的路口准备出发。

当年的男孩忍不住喊："那条路走不得！"

女孩不信。

当年的男孩说："我母亲就是从那条路上走过来的，我也是。我知道那条路不好走！"

女孩说："既然你们都从那条路上走过来了，我为什么不能？"

他说："我不想让你走同样的弯路。"

女孩说："我喜欢！我愿意。这是我的权利。"

当年的男孩看看女孩，又看看自己，然后笑了："一路小心。"

几千年流传下来的经验不是没有用，而是很多人不会用，特别是年轻的一代，很多事情都要他们自己去感悟。

中国家长喜欢给孩子讲大道理，这些道理的确有理，但很空泛，不少孩子都不听；西方人喜欢实际，鼓励孩子去体验，虽然不一定正确，但是很多孩子喜欢。感悟是一辈子的事情，让孩子学会感悟，这是一种很好的方法。

父母都有一个希望，就是自己的孩子聪明、听话。可是，事实往往是聪明的并不一定听话，听话的不一定聪明。老师也有这样的经验，尤其是小学、中学，老师喜欢自己的学生听话，少给自己找麻烦，可是他们更清楚，过多地要求听话就会妨碍儿童的智力发展。

从儿童心理学上来说，听话的孩子其实是为了得到家长和老师的肯定，刻意掩盖和压制了自己的内心，只是为了在大人那里获得"懂事乖巧"的评价，曲意逢迎。但是，长久的压抑往往会导致心理出现问题。尤其是当孩子逐渐长大，自我意识明显生长，内心中的天人交战很可能会将孩子引向混乱。

从孩子的社会发展上来说。被严厉要求必须听话的孩子因为一直受制于命令，所以往往没有什么个性。这些孩子习惯于逆来顺受，对于不合理的事情也没有勇气反对，长大后在人际交往中往往吃暗亏。这样的人也许会成为一名不错的员工，但当不了合格的领导，没有主见的人一般不会被提拔到领导岗位。

这类人成年以后还很有可能成为"巨婴""妈宝孩"，因为他们所有的一切几乎都是按父母的计划进行，一直听从于父母的命令，养成了极强的依赖性。一旦脱离了父母，他们甚至不知道怎样去生活。

其实我们想要一个听话的孩子，这对于孩子而言，太残忍！因为你是在生生剥夺他们的自我，是在亲手把他们制造成没有乐趣、没有选择、没有主见的"木偶人"！

我们真的应该放下要孩子唯命是从的执念，别把孩子当成自己的附属品，毕竟，没有哪个孩子是为了听话才来到这个世界上的。

教养的秘密

有一项情商能力叫——"负责任地做决定"。

睿智的家长会告诉孩子——"你不需要乖乖听话，你要思考和权衡，做出明智的选择"。

这显然比"听话和遵从"要复杂许多。但是，你的男孩一旦学会负责任地做决定，他就掌握了自己的人生。

孩子做不好，其实是你期望太高

望子成龙是中国父母的普遍心态。从孩子很小的时候起，他们就对孩子有一大串的期望：

期望孩子功课好、分数高、力争年年被评上三好学生；期望孩子有特长，能在数学竞赛中获奖、能在英语大赛中获奖、能在书法比赛中获奖、能在钢琴比赛中获奖、能在体育比赛中获奖；期望孩子从小学到大学一路"重点"，最后再出国深造，成为博士……

这些期望就像一副重担，狠狠地压在了孩子的肩膀上。

其实，父母期望孩子成才这一点是可以理解的，但期望也应该以现实为基础，如果父母的期望值过高，背离了孩子身心发展的内在规律，那么就可能给孩子带来过重的心理负担，影响孩子的发展。

张铭是从一路辉煌中走过来的，他上小学时，是市里的心算冠军，还曾屡次在高手如云的全国数学奥林匹克竞赛中获奖；他的英语非常好，上初中时曾代表学校参加过省英语口语大赛……上高中后，妈妈告诉他："以你的水平、实力，上高中一定要在班里拿第一！这样将来才有希望考清华、北大。"

张铭觉得很痛苦，他觉得自己的能力似乎已经到极限了，重点高中里人才济济，自己哪有那么容易考第一。妈妈看出了他的烦躁，非但没有安慰他，反而还斥责他："整天心浮气躁，你要是不拿第一，看我不打折你的腿！"

张铭在日记中写道："爸爸妈妈永远也不会真正地为我着想，他们有要做成功者的愿望，我就得成为过河的卒子，拼命向前。"期末考试结束了，张铭拿到了他的成绩单，他离第一名还有好远。那天下午，张铭没有上课，趁父母不在家，他收拾好东西，带上一些钱离家出走了。

父母期望孩子早日成才，期望孩子出类拔萃，这种心情本是合理的。但也不能否认，任何事物都应该掌握好尺度，要根据实际状况，采取科学的方法，千万不能在教育孩子的过程中，怀着不切实际的"期望"。

事实上，父母们总是习惯用成人的心态和眼光看待孩子的内心世界和能力，对孩子的能力发展、情绪状态、心智方面都有过高的估计。父母在这种自我沉迷的状态下不能清醒地认识问题，久而久之，使自己的行为成了一种惯性和教条。最终给孩子造成了巨大的精神压力，使孩子对受教育的感受越来越沉重，越来越没兴趣和信心，甚至还导致孩子心态失衡，走上极端。

因此，该到了给孩子"减负"的时候了。给孩子过高的期望，会让孩子因压力过大而崩溃；降低你的期望，为孩子减去过重的负担，却可以使孩子轻松自如地前行。

李响上初二了，成绩中等偏上一点，这让他的爸爸很着急，再这样下去，重点高中就没戏了。于是夫妻俩齐上阵，一起督促李响学习，还不断给他讲一些"考不上重点高中，将来就很难考上重点大学"的道理，不过这样做似乎完全没效果，期中考试成绩一点没进步，老师还反映说，李响变得内向了许多，夫妻俩只好带着儿子去看心理医生。几天后，心理医生告诉这对望子成龙心切的夫妻，他们的儿子有忧郁症的倾向，主要是因为心理压力过大。那怎么办呢？医生给他们支了一招"减负计"。

回家后，夫妻俩找儿子谈了一次话，爸爸说："李响，我们为你好，但却似乎给了你太大的压力，现在我们认为应该按你现在的成绩对你提出要求。你现在是中等偏上，那就加把劲考市五中吧！五中虽不是重点，但听说教育质量也不错。"

"爸爸，你说的是真的吗？"李响眼睛亮了起来。

"当然是真的了！不过，你不可以因为我们降低了要求就不认真学习，知道吗？"

李响连忙点头。从那以后，李响的脸上开始有了笑容，而且也不再用父母督促着学习。中考结束了，当父母准备送儿子去五中时，却出现了一个戏剧性的转折——李响的分数超过重点高中的分数线17分，李响竟然考上了重点高中！爸爸奇怪地问李响怎么考的，孩子笑着说："没有压力、轻装上阵自然发挥得好！"有了这次经历，李响的父母决定今后要将"减负"进行到底。

教育孩子，应从孩子的实际出发，顾及孩子的爱好与特长。如果只根据家长的兴趣和愿望，那么孩子只会走向相反的道路。在高期望值的支配下，父母评判孩子好坏的标准往往会严重失衡。孩子教育的成败也多以考试分数或指令孩子所学的一门特长的成效来衡量。这实际上是家长自己背上的一个错误而沉重的包袱。因此，父母在教育孩子时，应注意给孩子"减负"而不是加压。不要以为孩子在很大压力下才会出人头地。教子成功的父母一般绝不给孩子太多的期望压力，因为让他放松身心、缓和情绪反而更好。

教养的秘密

过高的期望像一座大山，压得孩子直不起腰，迫害着孩子的身心健康。

它的危害与"棍棒下面出孝子"的躯体虐待相比毫不逊色。

"爱，有时也会成为一种伤害。"父母应对自己的心态和言行有所警醒，对教养方向要定位正确，不要一边爱着孩子，一边自私地伤着孩子。

孩子离开你,是被你逼的

　　现在离家出走的孩子越来越多了,原因是多种多样的,不过大多数都是因为受不了父母的"高压"政策,因而选择了逃避。于是,这些孩子的父母痛苦、懊悔,可是说什么都已经晚了。当初何必要给孩子那么大的压力呢?孩子的承受能力实在是非常有限的。

　　有这样一个家庭:母亲是位教育工作者,连续七年被评为优秀教师,父亲是一个律师,自己开着一家律师事务所。这对夫妻有一个儿子正在读高中,而这个孩子却不像父母那样优秀,父母提起他来就是"我那不争气的儿子"。

　　别让自己的孩子超载行驶,儿子小时候聪明活泼,夫妇俩想尽办法为他创造条件:让他上各种兴趣班、提高班,还买了许多辅导书给他看。可是孩子的学习成绩始终没有达到他们的要求。小学时,孩子的学习成绩在班级属中上水平,进入初中后,他逐渐变得不听话,常常和父母唱反调,对学习厌烦,学习成绩明显下降。读初三时,常常逃学。为此父母斥责过他无数次。结果一天清晨,夫妇俩发现儿子不辞而别,书桌上留了一封信……

亲爱的爸爸、妈妈:

　　我走了,我实在是不配当你们的儿子。你们那么优秀,而

CHAPTER 01
谁说男孩不好养：你的男孩没错，错的其实是你

我是如此的平庸，学习上我实在无法达到你们的要求，让你们丢脸了。

其实我也曾想把书读好，可不知怎么就是提不起兴趣来。我感到压力太大，喘不过气来。的确，你们为我创造了良好的读书环境，给我买了许多中外名著、课外辅导书籍，还给我一间书房读书，可你们越这样我就越怕让你们失望。

我很感激你们，也知道你们对我的爱和期望。但同时你们也剥夺了我作为孩子玩耍的权利，使我失去了很多乐趣。你们不允许我外出和同学玩，说这是在浪费时间，还怕我学坏。我的业余时间除了读书还是读书。我几乎没什么知心朋友。你们工作又那么忙，很少与我交流，即使是找我谈话也永远是那个主题——好好读书，要求我达到很高的分数。

上周的测试成绩出来了，我又没考到80分，你们知道了，又要骂我了吧？我觉得这个家里已容不下一个不爱读书的人。我走了，请别找我。

儿子

后来，父母在火车站附近找到了孩子。但回到家里，儿子表示不想读书了，否则他还会离家出走。父母只好答应他的要求，让他休学在家。

"我的父母也是教师，家里的兄弟姐妹都是知识分子，我的侄女上了大学，外甥进了重点高中。可偏偏我的儿子不争气，给我丢尽了脸面。我当了这么多年老师，教的学生也可谓桃李满天下了，却教不好自己的儿子，这是什么原因呢？"这位母亲道出了心中的疑惑。

可以说，孩子的离家出走，完全是父母的高压政策所致。父母想通过给孩子加压，让他考出好成绩，以满足自己与同事、亲友攀比的心理，却不顾孩子的兴趣所在，一味地要求他参加各种学习班，剥夺了孩子交友和玩耍的权利，使孩子失去了和同龄人交往的机会，使孩子感到生活枯燥无味，孩子处在强大的压力下，不仅感觉孤独，而且发展到了对读书的厌倦。在此情况下，他只有选择出走，以逃避这令自己喘不过气的环境。

压力太大就会引起反弹，生活中，一些家长往往把孩子视为私有财产，为了要子女出人头地、光宗耀祖，家长们不断给孩子加压，或冷言冷语或棍棒教育，结果非但达不到预期效果，反而弄得亲子冲突不断。教育学家建议家长们撤销高压政策，运用"减负计"减轻孩子的压力。

这样做是非常有意义的，减轻孩子的精神负担，会给孩子的身心健康带来好的影响，同时又可以缓和因高压政策而导致的亲子矛盾，如果处理得好，甚至还可以改变孩子对待学习的态度。

那么，减负计应该怎样运用呢？

首先，父母不要再整天拿自己的孩子跟一些出色的孩子相比，当你对孩子说"你看人家的孩子……"时，其实就是在对孩子说："你太没用了，比起人家的孩子，你差得太远了！"这样一来自然会增加孩子的心理负担。

另外，在家里不要用教师的身份或其他的什么身份管教孩子，而要以慈爱的父母的角色和孩子倾心交谈，拉近距离，认真了解孩子的思想动态及兴趣所在，尊重孩子的想法，为孩子营造轻松愉快的读书氛围。一旦孩子接受父母作为他的知心朋友，一旦消除了令他窒息的高压环境，就能改变他对读书的厌倦。最好根据孩子的兴趣，激发他的读书热情。至于孩子今后的路怎么走，父母可以进行引导，但不能代替孩子做决定。

教养的秘密

压力有时是动力，有时却是暴力。

高压只会引起反抗，让孩子更不听话，更不爱学习。

如果你能试着给孩子减去一些负担，那么孩子一定会更自信、轻松，并愿意回到你身边。

孩子放弃努力，可能原因在你

偏见对一个人的影响是非常大的，有了先入为主的印象后，你就很难正确地评价一个人。在教育子女这方面，家长尤其要留神，千万不要带着偏见去教育孩子。

有这样一个故事：

王勇是小学四年级的孩子，他很聪明，就是不爱学习，不仅如此，有时候他还喜欢耍点小聪明。

比如，有一次他就把成绩册上的39分改成了89分，惹得父母又气又恨。有一段时间，王勇看了几本科普书，他觉得自己应当努力学习，长大后当个科学家，也去研究机器人什么的。于是王勇开始努力学习,结果在期中考试的时候,竟然由倒数第三名提升到了第 9 名。

那天,他兴冲冲地拿着成绩单冲回家里,结果父亲在反复检查了成绩单的真伪后竟然说:"成绩不错,抄同学题了吧?"妈妈也在一旁皱着眉头说:"王勇,作弊是最可耻的,知道吗?你怎么越学越坏了呢?"

"爸爸妈妈,你们怎么这么说我?"满心期待父母表扬的孩子,心情一下子坠入到谷底,哭着跑回自己的房间。

从此这个孩子放弃了努力,他的学习成绩又跌回到原来的水平,因为对他来说,成绩固然重要,但尊严更不容践踏,所以只有选择以一如既往的成绩来证明自己的清白。这不仅是父母的悲哀,更是孩子的悲哀。

由于父母平时对孩子已经有了"成绩差"这样一种先入为主的印象,在孩子进步后还是以固有的眼光去评价孩子,因为偏见对孩子造成错误的认识,结果既伤害了孩子的自尊和进取心,也影响了父母在孩子心目中的形象,孩子会觉得父母因为成绩差就打击我,这说明他们不是真的爱我。

然而很多家长都不自觉地对孩子形成了一种带有偏见的认识,尤其是对那些以前"公认"的"坏孩子"。大人们的这种偏见是对孩子心灵的暴力,严重地阻碍了孩子愉快健康地成长。

更糟的是有些家长,一旦发现孩子在年幼时有不聪明的表现,七八岁时有蠢笨的举止,便断言:"这孩子脑袋太笨了,这么简单的问题都不会,甭指望他(她)有出息了!"与错误的失望情绪随之而来的,就是父母对孩子的爱骤然降温,从此，孩子则随时能够领教到父母的责骂与轻视。其结果，肉体施暴，伤及皮肉；心灵施暴，损毁自信。受伤的皮肉很快康复，受伤的心灵却可能一辈子也难以愈合。

下面这个例子就可以让你清楚地看到偏见对人们的影响。

在美国密歇根州的一所大学里，心理学家找了 20 名大学生做了这样一个实验。实验者把这些大学生分成了两组，并分别向两组同学出示同一张照片，但在出示照片前，向第一组学生说：这个人是一个罪大恶极的罪犯；对第二组学生却说：这个人是一位了不起的人物。然后他让两组学生各自用文字评价照片上这个人的相貌。

第一组学生的描述是：深陷的双眼表明他内心充满仇恨，鹰钩鼻子证明他沿着犯罪道路顽固到底的决心……

第二组学生的描述是：深陷的双眼表明此人思想的深度，鹰钩鼻子表明此人在人生道路上有克服困难的意志……

心理学家得到了他所预见的答案，但对对比如此鲜明的答案，还是不禁哑然！

看到了吗？明明是同一张照片，只不过因为带着偏见去看，就出现了两种完全不同的评价。看来偏见的威力实在是惊人。

我们之所以认为，偏见对孩子成长有危害，不仅因为它会伤害到孩子的自尊心，还因为它会给孩子带来消极的暗示。比如说，在学校里如果老师按照学生的成绩排座位，那么坐在后几排的学生就会认为："这就是说我没希望了，我被抛弃了！瞧，我是差生，永远也不可能坐到前几排，老师当然也不会喜欢我！"这样一来，孩子也就不会再费劲儿地去努力学习了。

父母们都应当认识到，偏见是对孩子心灵的暴力，在教育孩子的问题上，家长不应对孩子抱有任何成见，任何时候都不该有"这孩子注定没出息"的错误思想。否则这种伤害孩子心灵的态度会严重伤害孩子的自尊心，既不能使孩子充满自信，也不利于孩子其他方面的发展和成长。

所以，如果一个平时调皮捣蛋的孩子，突然收敛了往日诸多"捣蛋"的行为，变得安静温顺起来，那么家长和老师就应该相信孩子的变化，赞赏孩子改变自己的勇气和他的上进心，因为这很可能是因为某件事情给他带来了触动。家长每天都应该以全新的眼光来看待孩子，千万不要用旧有的心态评判他们，要知道成长中的孩子可塑性极强，过去不等于现在，更不等于未来。

教养的秘密

中国有句老话，"浪子回头金不换"，其实很多浪子不是不愿回头，而是没人给他回头的机会。

孩子在成长过程中，可能会出现很多出人意料的转变，奉劝家长不要带着偏见教育孩子。要包容孩子，让孩子感受温暖、感受希望，这样孩子才能健康地成长。

男孩贪玩，一定没出息吗

男孩贪玩，是一个令父母感到头痛的问题。

其实，父母们应该知道，玩是孩子的一种天性，是他们对周围世界感到好奇的行为表现，事实上，很多孩子往往是在玩耍中学到知识，加深对客观世界的认识的。

哈佛大学著名儿童心理学专家组成的"发现天赋少儿培育计划"课题组，在对世界各地近3000名10岁以下儿童进行跟踪调查后发现，在被认为是聪明过人的孩子里，87%都有"强烈的好玩之心"。

所以，不要再把你的孩子限定在你规定的"框架"里，"纵容"你的孩子开怀地玩耍吧，也许你会培养出一个好玩的好孩子。

李鹏鹏从小就是个特别贪玩的男孩。每天放学后，李鹏鹏不是拿着他自制的"捕虫器"到田野里捉虫子，就是带着其他几个孩子拿着一个放大镜到田间地头，观察庄稼的叶子。

有一段时间，父母对李鹏鹏贪玩的行为十分恼怒，还多次没收了李鹏鹏的一些玩耍工具。但这并不能阻止孩子的贪玩，李鹏鹏总是有很多的"鬼点子"，今天玩耍的工具被没收了，明天他又能做出一个其他的玩耍工具。老师说李鹏鹏够聪明，只是没有把主要精力用在学习上，所以学习成绩平平。爸爸妈妈更是着急，不知道究竟怎么办才好！

　　小学毕业后，李鹏鹏并没有考进"重点"中学，在一所普通中学里学习成绩也只是"中等偏上"而已。但李鹏鹏制作航空模型的水平却是出了名的，他制作的航空模型不但在学校和市里获了奖，而且还参加过省级赛事。2002年，李鹏鹏还是一名初三的学生，那一年在老师的指导下，由他设计的航空模型获得了全国大奖……

　　教育学家认为：对于孩子来说，玩是学习，游戏是学习，学习本身也是学习。事实上，我们也很难找到一个不喜欢玩的孩子！父母之所以害怕孩子玩，是怕孩子玩得太出格了，因此限制孩子玩。

　　一个懂得教育孩子、会培养孩子的父母，理应把陪孩子玩，当成亲子教育中最重要的一环。让孩子充当"玩"的主角儿，感受玩的乐趣，在玩中加深对世界的认识，这才是我们的任务。

　　在与孩子玩的过程中，父母可结合"玩"的内容，培养、引导孩子对事物的兴趣。比如，捉蜻蜓后，引导孩子观察蜻蜓的外形，看看它们各有什么特征，有什么相同和不同的地方，再把它们与其他种类的昆虫比一比，让孩子对自然界的各种小生物产生兴趣。

　　陪孩子玩，也是引导孩子开阔视野，开拓思维的好途径。比如，父母发现孩子喜欢玩汽车玩具，在陪玩中就可向孩子介绍不同种类的汽车，以后再带孩子去参观汽车展览会，开阔孩子的眼界，孩子会饶有兴趣地了解各式各样的汽车，在现实生活中又和孩子一起观察汽车，获得更多的知识，启发孩子的求知欲望。

　　同时，玩也是培养孩子良好品德的有效方法。父母在陪孩子玩的过程中，可以针对各种情况进行品德的培养。如带孩子去公园，要教育孩子爱护花木，爬山时不怕苦、不怕累，摔跤了要勇敢，不要破坏文物等。带孩子看电影，就应跟孩子一起做个文明的观众，不大声喧哗，不乱丢果皮纸屑，等等。

　　贪玩的孩子兴趣爱好往往十分广泛，聪明的父母不是限制孩子玩，而是把孩子的爱好引向更科学、合理，有助于身心健康的方面。孩子如果爱好广泛又比较贪玩，他们往往玩起来认真投入，不能自制。父母应该怎样做呢？我们不妨看看下面这个例子：

　　小宇喜欢踢足球，放学后就在楼下的小路上踢。尽管场地狭小，仍然玩得汗流满面，还曾踢碎过人家的玻璃。后来父母分析，孩子喜欢踢足球是件好事，他在体育课中的长跑项目没有达标，而踢足球也是锻炼长跑的好机会。于是父母阻止了孩子在楼下踢球，而是在周末带他到学校的操场上去踢，这一下孩子玩得更尽兴了，这样做的结果既保护了孩子的兴趣，又弥补了体育课中孩子的弱项。

　　对于贪玩的男孩，父母应该注意细心观察孩子爱玩什么，怎么玩……分析这样玩对孩子身心健康是否有益，是否妨碍和伤害到其他人的利益，是否对社会环境产生不良的影响等。千万不要不分青红皂白就对贪玩的孩子主观地横加干预。

　　孩子在"玩"的过程中不仅能开阔眼界，同时也能增长知识。因此家长应当鼓励男孩去玩！

教养的秘密

男孩的兴趣广泛,如果得不到合理安排,往往在玩的时候投入精力多,占用时间长,没有节制地玩,造成"贪玩"。

想改变孩子过度贪玩的现象,父母就要帮助孩子合理地安排和选择"玩什么""怎么玩"和"什么时间玩",使孩子能够在"玩"中受益。如,父母不妨训练他的骑车、游泳等基本技能。有条件还可以经常带他们郊游、爬山、参观博物馆等等。

以这种方式爱孩子,他就毁了

中国自古以来就有"慈母多败儿"的说法,所谓"慈母",指的是一种过分的母爱,也就是教育学家所说的溺爱。从字面上看,溺爱的"溺"字有淹没之意,这也表示,过分地疼爱孩子等于淹没了他们。

古人云:"虽曰爱之,其实害之;虽曰爱之,其实仇之。"这是对"溺爱"一词最好的注解。人世间的种种感情,没有比得上父母之爱的。但是只有爱,不见得就能教好孩子。

曾看过这样一幅漫画:

一个小男孩在客厅看电视、玩玩具吹着空调,而他的爸爸、妈妈在厨房正忙着给他做饭,热得满头大汗。开饭了,孩子的动画片还没有看完,妈妈便把饭菜端到客厅,妈妈负责喂小男孩，爸爸则负责哄小男孩吃饭。动画片演完了，小男孩却不想吃饭，于是爸爸开始做各种滑稽表演，终于，小男孩笑了，妈妈这才喂上一口。

你知道运用什么方法，一定可以使你的孩子成为不幸的人吗？这个方法就是对他百依百顺。真想问问漫画中的爸爸、妈妈，你们不累吗？这样的爸爸妈妈应该及时警醒了，因为你们这样做会把孩子推入深渊的。

还曾看过一条新闻：一个大学生，每次吃鸡蛋，都是母亲剥完皮他才吃。有一次在学校食堂吃饭，一个鸡蛋，他没剥蛋皮就吃了。还说："这个鸡蛋怎么和家里的不一样呢？"看了这条新闻，人们都会笑他太笨，可这就是溺爱造成的恶果。

生活中，很多父母总喜欢给自己的孩子无微不至的呵护，把孩子的事情都包办下来，一一为孩子做好。这些父母似乎不知道，我们教育孩子的最终目标是要让孩子能够适应他自己未来的生活。因此，日常生活中应当教导他们学会独立地生活，而不要总觉得他们这也不会那也不行。

在教育学中流传着这样一则寓言：

天鹅每年冬天都要从北方飞到南方，可是，一些北方人因为喜欢天鹅，经常为它们提供食物。于是，一些天鹅因贪恋这些食物便留在了北方，并渐渐被驯化成了家鹅，连飞也飞不起来了。因此，人们只要停止提供食物，它们就只有死路一条。而那些每年不辞辛苦坚持飞往南方的天鹅呢？它们活得好好的，并且越飞越高。

这个故事其实就是对溺爱现象的一种警告，咱们中国的父母，尤其是做母亲的，总是把孩子当掌上明珠，从来不让孩子扫一回地，洗一次碗，真是应了那句话了"捧在手心里怕碎了，含在嘴里怕化了"。这样的父母是慈父、慈母，这一点毫无疑问，但却不是一个"好爸爸""好妈妈"。他们过多地保护、过分地呵护只会阻碍孩子的发展，让孩子无法自立自理。孩子终究要独立生活的，为了让孩子能顺利地适应他未来的生活，父母们有必要大胆地让他们自己去照顾自己，不要让他们永远生活在自己的呵护里。

与父母过分的叮嘱和过分的呵护截然不同的教育方式是重视培养孩子的自理能力和自强精神。发达国家中的父母们，在教孩子独立自强这方面所取得的成功，尤其值得我们好好地研究与借鉴。

举例来说，在欧洲，家庭教育是以培养孩子富有独立精神、能够成为一个自食其力的人为出发点的。父母从孩子小时候就让他们认识劳动的价值，让孩子自己动手修理、装配摩托车，到外边参加劳动。即使是家庭富裕的孩子，也要自谋生路。

英国的学生有句口号："要花钱自己赚！"乡村家庭要孩子分担家里的割草、粉刷房屋、简单木工修理等活计。此外，还要外出当杂工，出卖体力，如夏天替人修整草坪，冬天帮别人铲雪，秋天帮人扫落叶等。

在富足的瑞士，父母为了不让孩子成为无能之辈，从小就着力培养孩子自食其力的精神。譬如，一个十六七岁的男孩子，从初中一毕业就去一家有教养的人家做些兼职工作，上午劳动，下午上学。这样做在中国父母看来似乎难以理解，但瑞士父母却认为大有好处。这样做一方面可以锻炼孩子的劳动能力，让孩子寻求到独立的谋生之道，另一方面还有利于学习语言。因为瑞士有讲德语的地区，也有讲法语的地区，所以一种语言地区的孩子通常到另外一种语言地区的人家做兼职。其中也有相当多的人还要到英国学习英语，办法同样是边做工作边学习语言。等他们熟练掌握了三门语言后，就去公司、银行或商店就职。在瑞士，长期依靠父母过寄生生活的人，被认为是没有出息或可耻的。

德国父母对孩子从小就培养他们自己的事情自己做，从不包办代替。法律甚至还规定，孩子到14岁就要在家里承担一些义务，比如要替全家人擦皮鞋、打扫房间等。这样做，不仅是为了培养孩子的劳动能力，也有利于培养孩子的社会义务感。

而在亚洲的日本，在孩子很小的时候，就给他们灌输一种思想："不给别人添麻烦。"并在日常生活中注意培养孩子的自理能力和自强精神。全家人外出旅行，不论多么小的孩子，都要无一例外地背一个小背包。父母说："这是他们自己的东西，应该自己来背。"而在中国却常常是父母帮孩子背书包。上学以后，许多学生都要在课余时间在外边参加劳动挣钱。大学生中勤工俭学的现象非常普遍，就连有钱人家的子弟也不例外。他们靠在饭店端盘子、洗碗，在商店售货，照顾老人，做家庭教师等挣得自己的学费。

比较一下中国父母"孩子太小，只能由我照顾"的教育方式，不知爸爸妈妈们做何感想呢？家长们都应该明白，你们是无法照顾孩子一辈子的。

真正疼爱孩子的好爸爸、好妈妈，应该关注的是孩子将来是否能自己应付外面的世界。将一个在父母庇护下，毫无自我生存能力的青年推入未来的社会是最为残忍的事，也是爱孩子的父母不忍看到的结局。想使孩子能成功地走入外面的世界，必须从小开始培养自立与自信。如果我们替孩子做所有的事，便不能达到这一目的。在这样的抚养下成长起来的青年，外表人高马大，内心却是畏畏缩缩，缺乏勇气。这样做使他丧失了自信和勇气，也使他感到不安全，因为安全感是建立在能够用自己的能力去应对处理问题的基础上。我们这种自以为无私的行为，剥夺了孩子发展自己能力的权利，但这恰恰是孩子成长最珍贵的要素。

家长们要记住，但凡孩子能独立完成的事就不要替他去做，就好像要让孩子学会走路，你得先放开手一样，当然，一旦决定"放手"了，就要坚持下去，不要看到孩子做不好事情就又去插手。

教养的秘密

男孩的独立能力，需要父母对他进行严格的训练，并且绝不要"三分钟热度"。

比如，培养孩子一些简单的日常生活习惯，刚开始家长和孩子都会很热心地按计划实行，但是时间一久，一些家长就懈怠了，听之任之了。

这样不可以！这种断断续续的培养，反而会在孩子的性格中留下很多负面影响。

CHAPTER 02

男孩爸妈怎么当：
和孩子一起成长，进入高阶教养

没有人天生就是教育者，所以养育的过程，实际上也是父母自我成长与提升的过程。

你给孩子的爱并不需要理由，但它需要技巧。原生家庭的影响，关键时刻的引导，润物无声的管教，考验的全是父母的功力。

真正优秀的父母，都是男孩生命里的摆渡人。

请注意！你和孩子的内在关系

我们经常会说，人是社会性动物。事实上，这样说根本不能表明关系对我们的重要性。准确地说，关系就像衣食住行一样与我们密不可分。我们对关系的渴望，就像必须拥有衣食住行一样。

所以，不管童年经历了什么，长大以后，每个人都会尝试努力去建立完美关系。

但是，一个孩子只有拥有好的内在关系模式，即，他与父母的关系一直健康美好，他才能够掌握与人交往的正确方式，才能比较轻松地把自己的社会关系，变得和亲情关系一样。

相反，如果孩子拥有一个非常差的内在关系模式，即，他与父母的关系一直非常糟糕，那么可以预见，他基本会将这个关系模式带入社会关系中。

比如说，假如一个父亲崇信棍棒教育，经常对孩子呵斥打骂，那么这个孩子长大以后，他要么"受虐成为习惯"，变成一个逆来顺受、委曲求全的人；要么"认同暴虐的父亲"，变成一个性格急躁、有暴力倾向的人。前者令他容易成为别人的伤害对象，后者令他容易对别人做出伤害行为。总而言之，都会导致一点：他很难与别人建立良好的社会关系。

通常，孩子在家庭中起码会与一个人关系不错。比如，爸爸不好，但妈妈很好；妈妈不好，但爸爸不错。这样一来，在决定孩子生长的亲情关系中，总有一个是比较稳定良好的，那么孩子还有机会步入成长的正确轨道。

然而，并不是所有的孩子都如此幸运。扪心自问，你与你的爱人都合格吗？或者至少有一人是合格的吗？如果这个答案是完全否定的，那么孩子的内心一定非常糟糕。

美国 FBI 心理分析专家调查过 100 多名暴力重罪犯，最终得出这样一个结论：

这些人不仅普遍有一个暴力型的父亲，还有一个非常差劲的母亲。这种糟糕的家庭关系导致他们内心混乱阴暗，他们在父母身上学到的主要是攻击和仇恨，而不是温暖和宽容。

在美国，曾发生过这样一件事，被改编成多部电影，比如：《惊魂记》《德州电锯杀人狂》《沉默的羔羊》。这几部电影的原型人物叫艾德·盖恩，是美国犯罪史上最具影响力的连环杀手之一。我们知道，被搬上大荧幕的真实犯罪很多，但同时成为两部好莱坞一级大作原型的，只有艾德·盖恩一人。

日常生活中的艾德·盖恩被大家认为是安静、内向、害羞的，那么，究竟是怎样的人生遭遇，让原本内向害羞的小镇农夫裂变成如此可怕的一个人？我们试着走进艾德·盖恩恐怖而脆弱的内心世界。

艾德·盖恩的父亲是个酒鬼，酒对他来说才最重要，而不是孩子。

艾德·盖恩的母亲是个极其苛刻而且狂热的教徒。

他还有一个哥哥。

在艾德·盖恩很小的时候，他们举家搬到威斯康星州的平原镇，在一处偏僻的农场定居下来，这里隐秘性很高，平常不会有人来。

艾德·盖恩的母亲一再恐吓自己的两个儿子："女人是非常危险的！沉浸女色是极不道德的！"她想方设法压制儿子们对异性自然而然的兴趣，艾德·盖恩因此终身未娶，也未亲近过任何女人。

进入学龄，艾德·盖恩被允许去学校读书，但母亲明令禁止，不许他结交任何朋友。孤独的艾德·盖恩总是坐在教室的角落里，学校对他来说只不过比家更大一些、人更多一点，除此以外，别无其他。年幼的艾德·盖恩本能地认为母亲的话是对的，他只好孤立自己。

没有任何朋友，对异性毫无感觉，艾德·盖恩的内在关系里只有酒鬼父亲、严苛的母亲和与自己一样孤独的哥哥，他因此形成了异常孤僻和不谙世事的性格。

艾德·盖恩的生命前期还算平静，他大部分时间都在自家农场工作，偶尔去镇上打打零工，在小镇居民的眼中，他只是个非常安静、非常害羞、有点古怪的年轻人。

平静的生命最终被接连的变故打破，他的父亲、哥哥、母亲相继离世，艾德·盖恩感受到了前所未有的孤独，他的生命里再没有一个亲人，也没有同伴，更没有妻子和儿女，他此时唯一拥有的，是无边无际的空虚和孤寂。

艾德·盖恩无法承受这一切，他把母亲的尸体保留在家中，好像她从未死去。与母亲尸体朝夕相伴的日子，触动了艾德·盖恩对女性的原始渴望，在这种畸形欲望的驱使下，艾德·盖恩开始挖掘坟墓，将那些刚刚离世的尸体带回家中，让女孩们以另一种方式与自己相伴。最终，艾德·盖恩一步步走上了"屠夫"的道路。

由于患有慢性精神障碍，艾德最终被判无罪，但是被送到了精神卫生研究院，直至走完余生。据说，那才是他生命中最快乐的一段日子。

艾德·盖恩是令人恐怖的，也是令人同情的。从某种意义上说，他只是个可怜人。他从小就被糟糕的父母建造了一个硕大的心理囚笼，阻断了他与正常人的情感交流，他即使没有犯罪，也如同生活在地狱中。

然而，这不是特例。

亨利·李·卢卡斯的父亲因为事故导致双腿残疾，失去了工作能力，他开始酗酒。他的母亲则是一个有严重暴力倾向的女人，亨利和父亲成了母亲发泄怒火的对象。

亨利是在母亲的咒骂和殴打中长大的。他遭受的残酷虐待恐怖得令人难以想象。

有一次，亨利在游戏中不小心被刀戳伤左眼，伤势非常严重，但母亲却无动于衷地任他挣扎好几天才带他去看医生，最后医生只好以人造眼球来代替他的左眼。

还有一次，因为一件小事，母亲用木棒狠狠敲击亨利，头骨破裂的亨利整整昏迷了三天，才被母亲带回家的男友柏尼坚持送医而捡回一条命。但是，他的大脑遭受了一定程度的损害，这有可能是导致亨利以后精神分裂以及其他冷血行为的原因。

在母亲高兴的时候，她会把亨利打扮成一个小姑娘的样子，让他穿上女孩的衣服去上学。毫无疑问，亨利会遭到同学们的嘲笑，这就彻底摧毁了一个男孩的自尊和自信。亨利后来的双性恋倾向，大概可以从这件事上找到原因。

亨利的生活中没有娱乐，只要是带回家的小动物都会被母亲用各种方式杀死，大概是从这时起亨利开始觉得生命很不值钱，所有的快乐都是不真实的……在爸爸去世后，他开始偷窃。

在亨利23岁的时候，似乎有了一个成为正常人的机会。他结识了一个叫莎拉的女孩，不久之后，他们订了婚。可他的母亲反对亨利和任何一个女孩交往，她希望儿子永远是自己的玩具。但亨利已经长大成人，有了自己的想法，并且敢于反抗了。最后的结果是，莎拉认为自己日后难以和性格如此乖戾的婆婆友好相处，于是主动离开了亨利。

这件事成了亨利一生的转折点。在警方的档案上，这是亨利的第一个犯罪记录——由于女友的离去，愤怒的亨利失去了理智，而且从此再没有恢复过来。在和母亲的争吵中，亨利杀死了她。

在这桩案件里，法官和陪审团接受了辩方精神病专家的意见——亨利患有精神分裂症。法庭宣布，亨利将在精神病院里住上40年。

渐渐地，亨利被人们淡忘了。他仅仅在精神病院里待了10年，医生们相信他已经恢复理智。但实际情况远非如此。亨利并没有从疯狂的状态中解脱出来，尽管表面上看他似乎正常了。于是，亨利获得了假释。

这也许是这个世界上最悲哀的错误诊断，从此，亨利·李·卢卡斯开始了他疯狂的犯罪。

几乎所有病态的犯罪者，都有一个不幸的童年。在艾德·盖恩和亨利·李·卢卡斯那样的家庭环境下长大，一个孩子如果能保持心理正常，那才是奇迹。

也许你觉得这样的事情有些耸人听闻，自己并不会这样糟糕地对待孩子，但不要掉以轻心。英国剑桥大学犯罪学专家大卫·法林顿博士这样提醒父母们：

——人如果在童年受到任何虐待和忽视，长大以后都有可能会有犯罪倾向！

——无论何种程度的肉体暴力或精神暴力，都会给儿童内心埋下仇恨的种子！

按照心理学的解释就是：人会以别人对待自己的方式，哪怕只是自认为的别人对待自己的方式，来对待别人。

伴随而来的逻辑就是：我们今天对待孩子的方式，很可能会是将来他们对待我们或其他人的方式。

这就解释了为什么那些童年不幸的孩子往往都有心理障碍。

尽管一些饱受孤独与摧残的孩子长大后看上去与常人无异，但他们大多带着隐藏的伤疤，其形式有时候是无以复加的孤寂，有时是根深蒂固的自卑，有时是潜藏心底的愤怒，会隐晦地表现出儿时的伤痕或孤独。在成年以后，他们之中一些人会竭力对自己进行心理补偿，方式就是：让自己更冷漠无情、更愤世嫉俗、更霸道暴力、更容易随心所欲做坏事，并且倾向于心怀怨恨，寻求报复或暴力征服。

换而言之，如果一个人在生命的关键时期没有得到足够的重视和尊重，尤其是在童年时期，那么他们有能力以后，会竭尽所能确保别人重视和尊重自己,哪怕是无底线取悦或强迫,哪怕这种"尊重"和"重视"里包含了厌恶、恐惧和憎恨。

教养的秘密

对于亲子教育来讲,家庭是树根,孩子是果实。

如果果实有问题,基本上树根也有问题。

所以如果你认为自己的男孩有问题,一定要先反过来在家庭中寻找问题的根源。

换而言之,你一定要先审视自己,到底有没有问题。

你必须为了孩子,提高自己的修养

父母是孩子最初的模仿对象,家庭是孩子的第一课堂,父母是孩子的第一任老师。孩子从父母那里学会的行为习惯和处世态度,对其一生的发展将产生极大的影响。父母的品质、人格,对孩子有潜移默化的作用,会影响孩子今后的成长。如果父母的行为榜样出现了偏差,孩子的思想行为就会出现偏差。而这种偏差将会使孩子养成坏习惯,从而也使他失去社会性人格的发展机会。

秋收的时候,一个心术不正的人打算悄悄跑到别人家的田地中偷一些豆子。

"如果我从每块田中偷一点儿,谁也不会察觉到。"他心想,"但是如果是这样的话,加起来数目可就非常可观了。"于是,一天晚上,他就带着6岁的儿子去偷豆子。

到了一块田里后,他压低声音说道:"孩子,你得给爸爸站岗,如果有人来就赶快告诉我。"

然后这人就手脚麻利地开始偷豆子。不一会儿,就听到儿子喊道:"爸爸,有人看到你了!"

这人一听,吓了一大跳,马上紧张地向四周看了看,但是一个人也没有看到,于是他把偷来的豆子放进袋子里,走进了第二块豆地。

没想到刚偷了一会儿,儿子又大声喊道:"爸爸,有人看到你了!"

这人又一次停下手中的活,向四周望了一下,但还是什么人也没有看到。于是他又低头干起来。

"爸爸,有人看到你了!"儿子又叫了起来。

这人停止收割,向四下看去,可是仍然连一个人影都没有看到。他十分生气,责问儿子:"你为什么总是说有人看到我了?你太调皮了,不帮忙还捣乱。"

"爸爸,"那孩子委屈地说,"我不是人吗?我看到你了呀!"

闻言,这位父亲惭愧地低下了头,放下了手中偷来的豆子。

不要认为自己是自己,孩子是孩子,其实,孩子是父母的影子,在实施家庭教育的同时,父母要让孩子自信乐观,自己就要自信乐观,父母要让孩子诚实,自己就要诚实,如此才能真正做到以身作则。

遗憾的是，家长们往往很难意识到自己才是孩子最重要的榜样。一项针对幼儿的心理调查显示，53%的孩子有自己模仿认同的对象，而其中78%的孩子以自己父母为认同的偶像。

所以，如果你希望自己的男孩品行优秀，那么就以身作则，给孩子一个良好的示范。事实证明，以身作则比给孩子讲道理要有效得多。因为没有判断力的孩子很难理解你的长篇大论，但却会积极模仿你的行为。

有一天，一个年轻的爸爸去接7岁的儿子放学。在公共汽车上，一个身材魁梧的胡子青年莽撞地挤进了车厢，身材瘦弱的爸爸被他撞到了一边。

儿子马上冲过去拉住爸爸，并关切地问："爸爸，你没事吧？"同时，他恼怒地看了那位青年一眼，喊了一句："太可恨了！你怎么这么无礼？"

爸爸连忙制止儿子，说道："可不能这么说，这位叔叔不是故意的。"这时，那位青年也不好意思地连连向他道歉。儿子听到这些，惭愧地低下了头。

过了几天，爸爸再次来到学校，准备接儿子回家，结果发现儿子走路姿势很不自然，挽起他的裤子一看，膝盖磕破了一块皮，血还在流呢。爸爸心疼极了，赶快找来一些纱布，将他的伤口包好。然后就去问老师是怎么回事，老师也很奇怪，因为她既没有看到他来报告，也没有听到他哭过。仔细一问才知道，原来他是课间时被同学碰倒摔伤的。

爸爸不解地问："为什么不告诉老师呢？"

他笑着说道："爸爸，小朋友不是有意弄伤我的呀！为这事,他已经深感不安了,如果我再去告诉老师,他会更加自责的。"

爸爸听了非常高兴,他摸着儿子的头说:"好孩子,你已经学会了谅解别人。"

年幼的孩子缺少辨别是非的能力,他们总是无意识地模仿父母的行为。爸爸是男孩的领路人,爸爸的言行举止无论好坏都会被儿子不自觉地效仿。好的行为被效仿,当然很好,但坏的习惯被效仿了,改变起来是很难的。因此,爸爸的言行举止一定要起到表率作用,这样才不至于把孩子引向歧途。

这位年轻父亲就给他的儿子做出了一个很好的榜样,因为他在孩子面前做出了谅解别人的示范,所以当儿子碰到类似的情况时,他也注意体谅别人,和爸爸一样的明白事理。

俗话说:"喊破嗓子,不如做个样子。"这完全可以用来比喻父母对孩子的身教。

在这个世界上,孩子通过模仿而学习,他们的第一个模仿对象正是父母。因此,父母要求儿子相信的,自己必须相信;要求儿子做到的,自己必须身体力行;要求儿子全面发展,自己先要活到老、学到老;要求儿子少年早立志,自己的人生就不能没有奋斗目标。我们很难想象,那些终日喝酒、打牌、"筑方城"的父母,能给孩子做出勤奋学习的榜样;我们也很难想象,那些连自己父母都不愿赡养的家长,能教会孩子关心和爱;我们同样很难想象,整天琢磨怎样占人便宜的父母,能培养出孩子健全的社会属性……所以,请为了孩子检点自己的言行,为了孩子提高自身的修养,为了孩子以更加积极的态度对待生活,为了孩子努力去拓展自己有价值的人生,让孩子在自己身边学会做人，父母必须先修正自身，给孩子一个良好的榜样。

―――――――― 教养的秘密 ――――――――

当孩子出现错误行为时，我们可以选择让孩子跟自己一起领略火冒三丈，情绪难以平复的焦虑心情，这样的做法他也会效仿；也可以选择让孩子看到我们的正确做法，跟着我们学习。

好爸妈，就是要做好孩子的第一任老师，一言一行都要成为孩子行为的表率，所以我们要时刻提醒自己：孩子正看着我呢！

孩子需要你展示出真实的自己

很多家长常抱怨很难和儿子沟通，其实不是孩子难沟通，而是父母的要求是不公平的：他们要了解孩子的内心世界，却不愿意向孩子敞开自己的心扉。教育学家认为，如果父母能够多向孩子袒露真实的自己，那么孩子一定会被父母打动，实现良好的亲子沟通。

一些家长在与孩子交流时会说："你到底怎么想的？你为什么要这样做？"

或者干脆说："不要那样做，听我的不会错！"

事实上，父母的这类说教往往让孩子难以接受，他们会想："你们高高在上，只懂得对我说教，你根本就不理解我！"父母们应该明白，这种单向的交流、单向的沟通是不够的。一些家长总是习惯在孩子面前藏起自己的情绪，其实这样做反而会和孩子产生距离感，如果父母能把真实的自己呈现给孩子，那么，孩子一定会更愿意接受你的教导。

有一个孩子读书不用功，甚至连作业也不愿做，父母无论责备或鼓励，都是徒劳。孩子总是将爸爸妈妈的话当作耳边风，每日放学回家，不是躺在床上睡觉，便是玩手机。

一天，妈妈又是苦口婆心地劝孩子专心做作业，孩子仍然是一边做，一边玩。妈妈看到孩子爱理不理的态度，越说越气愤，越说越失望，最后，无奈地对孩子说："是妈妈不好，妈妈没有用，妈妈以后不会再向你唠叨了。"然后默默地返回自己的房间。

想不到孩子听到妈妈这番发自内心的话后，反而感动起来，走到父母的房间，低着头对妈妈说：

"妈妈，我错了，我以后会很用功地读书，不会再让你和爸爸难过了。"

显而易见，有时用这种表现内心难过的真挚态度教诲孩子，比说教或责骂会来得更有效。

和孩子交心，就得让他知道，他的喜怒哀乐也就是父母的喜怒哀乐，这一点在亲子沟通中极为重要。

其实在亲子沟通中，父母们不必刻意去呈现自己最好的一面，也可以将自己失败和挫折的经历向孩子坦言相告：自己曾有过什么抱负、梦想与目标没有实现，曾经因为自己所犯的错误而付出过多少代价，怎样由许多失败、痛苦，而累积到经验，终于走向成功的道路，等等，这一切的一切都可以向孩子尽情倾诉。

有一位父亲，幼年时代家境清贫，最后凭自己的努力完成了大学课程，成为一个出色的医生，他这样告诉孩子有关自己的奋斗史：

"爸爸中学毕业后没有机会再继续读高中，只能一边工作，一边自学，有时假日和晚上的睡眠时间也要用来温习书本。爸爸还要储备一笔生活费给家里人，然后辞去工作，专心应付考试，最后才读上了大学。"

孩子很专注地听了父亲的经历，并从中受到了深深的触动。

沟通应该是相互的，不要以为把自己的见解和要求说给孩子就是沟通，你还应该让孩子更多地了解你。

其实你完全可以让孩子看到难过的你。

让孩子懂得，真正的勇敢不是没有软肋，而是万千困难依然一往无前。

尤其是爸爸，在孩子面前偶尔展现一下软弱，会让孩子懂得，男人哭吧不是罪，没有必要把自己撑到濒临崩溃，但难过之后要马上振作起来，勇敢面对未知的困难。

你还应该让孩子看到你在困境中的努力，而不是让他一直生活在童话里。你应该让孩子明白，父母不易，倘若他能体谅你的压力，一定会更爱你。你同时要以你对待困难的态度让孩子明白，积极的心态和绝对的努力，足以让困难销声匿迹。

作为父母，我们在顺境中的所作所为，会潜移默化地影响孩子的举止；而在困境中的风度与努力，更能给孩子带去震撼与影响。

向孩子敞开心扉，多谈谈自己的梦想、成功和失败，这样做不会降低你身为父母的威严，只会让孩子更尊敬你，更爱戴你。

教养的秘密

我们总希望孩子看到一个"伟光正"的自己，却不知道，孩子最需要看到的，是一个真实的你。

这个真实的你也许有缺点，也许会犯错，也许正在经历困境……但这些真实的情境才能传授给孩子最宝贵的人生经验，才能教孩子活成一个真实的人。

摆正教育和督学之间的正确关系

现今有许多家长，虽然对子女的教养问题非常关心，但却不得其法，而且他们关心的重心也只在于"我的孩子将来能不能考上好大学"。结果导致很多孩子存在童年恐慌，面临不能理解也不能承受的巨大压力，产生强烈而持久的焦虑心态，甚至引发非常严重的后果。

在记者的采访中，不少高三学生坦言，虽然现在教育条件良好，家里提供的物质生活也很不错，但是自己并不真正快乐，更不轻松，因为学习压力太大了。

学校和父母出于各自的考虑，都对他们有非常高的要求，"有时真感觉受不了，有一种要解脱的冲动。"学生们表示，"父母还天天在耳边唠叨不停，要考上个好大学才能出人头地，才能活得像个人样。"

很多学生表示，在学校和家长的双重压力下，自己一到考试之前就感到很恐慌，情绪非常不好，特别烦躁，"晚上总是睡不着，早上又醒得很早，感觉记忆力下降的特别厉害。"

让我们冷静地想一想，少数人能够上顶级学府，这是一个很现实的问题。不管父母如何高期望，孩子如何拼命学，少数还是少数，很多父母是必须面对失败的。

所以我们必须换一个角度考虑问题。成功之路有很多，不只"985"一条路。现代社会已经开始由学历社会转向能力社会，成功也由单一模式转向多种模式。况且，我们的目标是让孩子幸福，通往幸福的路更是千万条，父母干吗要限定孩子的选择呢？

实际上，只要我们有一颗平常心，尊重孩子的人格，相信孩子的选择，孩子完全可能实现幸福的追求。

有个男孩小学毕业时，不愿去重点中学竞争，选了一所以学习日语为特色的普通中学，父亲坚定地支持儿子的选择。如今，三年过去，孩子生活得很愉快，因为是学习日语，已经能用较流利的日语打电话了，还担任了某报的学生记者。这位父亲的感悟是，一个人应先生存而后发展，以生存为基础，发展的路子也就宽了，何必将自己逼上绝路呢？

人生的道路是复杂而五彩的，孩子不一定非要读大学、研究生、硕士、博士不可。孩子如考不上"985",读普通高校也可以,考不上大学,把一门技术学精纯,也能生活得不错。事实上,只要愿意学习,孩子未来的道路总是很宽广的。

―――― 教养的秘密 ――――

"路是无限宽广的",不要太早指定一条路让孩子去走,所谓"条条大路通罗马",每个方向都有它的生机,一窝蜂地挤窄门,只会造成无谓的伤害。

不一定每个男孩都能成为翔龙,让孩子做个在草原奔驰的驯鹿、活泼快乐的猕猴、威武而善良的大象,不也很好吗?

在利益和孩子之间,请做正确抉择

前段时间看了一个"关于95后对未来就业的意向"的网络调查,数据显示,竟然有超过半数的孩子将"网红""明星"作为自己的职业理想。这个调查结果并不出人意料,但真的让人感觉不太好。

近年来,网红文化和流量文化越演越烈,很多孩子都进军了"自媒体文艺界";很多电视台播放综艺节目,也会找不少小朋友上台去模仿明星;父母们也喜欢仿照某个明星的样子,把孩子们打扮得像明星一样,让他们在台上哼着属于成人世界的歌,学着明星的动作、神韵……

大环境的渲染，父母的鼓励，媒体推波助澜，在很大程度上影响了孩子的人生观，导致很多孩子认为，只要想方设法出名，有流量、受欢迎、赚钱轻松，就是人生最大的成功。

但事实上，孩子过度沉迷于"明星经济"，不可避免地会对他们造成负面影响。

据说，在学生中流传着这样一句话——"上学不如整容，高考不如网红"，越来越多的孩子认为，靠什么音什么手就可以名利双收，还读什么书呢？他们觉得自己有了明确的人生梦想。

但是，这种梦想靠谱吗？当然，我们无意诋毁任何一种职业。但人红能几时？更何况，这种如流星般一闪即逝的"红"，成功的概率并不大。孩子把这样一种梦想当作毕生追求，合不合适，您自己说？

而且，明星经济、流量经济应该是成人世界的活动，真的不太适合孩子。

其实，孩子毕竟是孩子，他们的心智发展是不成熟的。在他们的心中，并不清楚那些明星、网红的成功需要怎样的运作，更不知道别人成功背后所付出的努力和巨大代价，他们只知道，父母同意甚至鼓励自己去参与，同时自己还会获得别人的称赞。所以，孩子轻而易举被带偏了，但他们并不知道自己会失去什么。

辽宁省沈阳市曾经有一个知名小网红，出于对孩子的保护和尊重，我们不提及他的网名和姓名。

这个孩子两岁时被妈妈将他的日常生活分享到平台上，因为长相极好，很快就赢得了一大批网友的追捧。

2015年，这个两岁半的孩子受到贵州卫视邀请，参加《爸爸请回答》；

2016年，这个孩子受邀参加《CCTV家庭幽默大赛》；

2017年，这个孩子参加了《2017CCTV网络春晚》；

……

看上去，这个孩子似乎成功了。一大批的商业运作给这个孩子带来了与其年龄不匹配的财富，孩子的父母可以说赚得盆满钵满。

但是，这个孩子真的成功了吗？

事实上，现在这个孩子已经逐渐销声匿迹。为什么呢？

随着这个孩子的走红，孩子的父母在得到财富的同时，也受到了大量质疑，各种针对孩子的流言蜚语也铺天盖地，甚至有人恶毒地对孩子发起了人身攻击。

现在，网络上到处充斥着关于这个孩子"长相变化"的揣测，不少人以"整容"为题将孩子贬得一无是处。

你看可不可以这样理解：如果站在商人的角度上说，孩子的父母成功了，他们成功地将自己的孩子"商业化"，并通过孩子获得了丰厚的利益。

然而，从孩子的角度出发，这对父母显然是失败的。因为他们给孩子带来了其年龄无法承受的非议和攻击。

在这里非常有必要提醒父母们一句，当你萌发了让孩子当网红、成为流量明星的念头以后，有几件事你必须考虑清楚：

第一，如果孩子成了网红、流量明星，在热度退去以后，倘若他因此荒废了学业，那么，孩子将来还能做什么？

第二，走红必然会被推上舆论的风口浪尖，那么多成年明星都无法妥善处理的舆论压力,一个孩子怎么承受?

　　第三,被剥夺童年的成功,其背后的代价与伤害,你了解吗?你可以去了解一下迈克尔·杰克逊的一生。细品一下,他到底有多么痛苦。

　　那么问题来了,为什么还有那么多父母非要把孩子打造成"小明星"呢?就是因为父母的"自私"!

　　这其中有一些父母,他们努力把孩子营销成"明星",只是出于自己的喜好,他们可能自己很喜欢表演,或是小时候就有想当明星的愿望,所以,把自己的夙愿寄托在孩子身上,希望孩子能够完成自己未达成的愿望。当然,也可能是父母对某一个明星特别喜爱,所以就鼓励孩子去学习、模仿这个明星。

　　另一方面,名与利的巨大诱惑,驱动着很多人费尽心思想成为明星,眼看自己的愿望无法达成,就把这种希望寄托到了孩子身上,一心希望将孩子打造成"童星"。提前进入"演艺圈",似乎已经成为一种新兴的"教育投资"。

　　作为父母,你必须明白,你们的责任是抚养教育孩子成人,而不是倒过来指望孩子能为自己挣大钱,或者满足自己未能达成的夙愿。现在,许多娱乐节目为了电视收益,都在盲目鼓吹"每个孩子都是明星儿童",导致很多父母都认为自己的孩子将来能成为明星,能够成为王俊凯。如果成不了王俊凯,就辜负了家人的期望。

　　而孩子,在根本弄不明白什么是明星、什么是名利的情况下,就被莫名其妙地硬塞了一个明星梦,过早地背负起与年龄不符的压力。

　　其实,我们应该理性些,毕竟,"走红"的路不是每个人都能走的。孩子的成长是动态的，不断变化的，小时候表现出来的某一方面的天赋，不一定是适合他终身发展的方向所在。如果过早将孩子限制在某一领域，并寄予非常高的期望，固执地向着这条路线培养孩子，孩子就失去了更多的发展可能性，无法朝着真正适合自己的道路去发展。当然，父母可以适当秀一秀自己的孩子，或带孩子参加一些大型文艺活动，但心态一定要客观端正，要提醒自己，这么做只是让孩子增长见识、锻炼能力或者只是去玩一玩。

而当孩子对某个明星、网红或某个角色很崇拜和喜欢模仿时，父母应该设法转移孩子对明星的注意力，把孩子对偶像的崇拜心理转移到对自身更清楚的认识上，或是对自己未来的期许上。

教养的秘密

其实，不管是追星也好，想成为网红也罢，还有许许多多孩子不可避免要接触、极有可能给孩子造成伤害的东西，都只能由父母去了解，去辨别，去引导。

如果我们三观正确，并通过言传身教，帮孩子建立起属于自己的正确三观，让孩子自己拥有辨别是非的能力，那么，孩子也就不会被轻易"带偏"了。

当孩子"孺子不可教",你该怎么做

每位父母都希望自己的儿子健康、聪明、漂亮,但是事实上不圆满的时候也很多,世上哪有那么十全十美的孩子呢?

而有些父母,因为孩子有些天生的缺陷,再加上淘气不听话,除了痛心以外,甚至会在无形中给孩子一种被嫌弃的感觉。

前几年的报纸曾经报道过一个中学生自杀的新闻:

那个自杀的男孩是一个中学学生,他天生比较迟钝,但是性格倔强,而他的弟弟却长得大脸大眼,一副聪明相。

两人在一个学校读书,哥哥原比弟弟高两年级,后因功课一直学不好,三年内降了两级与弟弟同班。也许正是由于他读书读不进去,长得又没有弟弟好看,所以父母有了些偏见,每次看到他作业总是错误满篇,就会情不自禁地唠叨起来:"我怎么会生出你这么一个又蠢又丑的笨蛋?!我不知前世作了什么孽。"

这个孩子虽然迟钝,但是对这样的话还是听得懂的。他因此对自己的前途完全失去了信心,再加上在家中得不到父母的疼爱,他竟吃安眠药自杀了。孩子死后,父母据说也十分伤心,但悔之晚矣!

其实,做父母的没有不心疼自己的孩子的,正是这种心疼与忧虑使他们对孩子的某些缺陷更加感到无奈与怨愤，因而在生气时，或孩子不听话时，这种对上天不公的怨愤就发泄了出来。

对于这种行为，或许在情感上可以理解，然而它无意间对孩子心灵造成的伤害却是无法弥补的。所以，对待有天生缺陷，包括生理缺陷的孩子，父母应该更加耐心和细心，使他们时时感到温暖和帮助，并且克服和战胜那些缺陷给生活和学习上所带来的不利与不便。同时，父母为了鼓励孩子奋斗的勇气和增强对生活的信心，还应该更加细心和热情地去发现孩子的优点，发挥其长处。

一句话，父母绝不能嫌弃自己的孩子！

教养的秘密

父母应该时刻记住：你的一句话能对孩子产生莫大的影响。

我们常听到的"你怎么这么笨""你的脑筋真差劲"这些责怪词的副作用很大，会使孩子自认为"脑筋差劲"，于是心灰意懒，什么事都不想做，更不想读书，对读好书没有信心。所以不论是头脑还是容貌方面的缺点，都不应成为父母责骂孩子的题材。

也许正是因为你，才导致孩子蛮不讲理

生活中，很多孩子都会出现不讲道理、无理取闹的情况：他们以自我为中心，不理解别人的立场；不管自己有没有道理，说发脾气就发脾气……这些问题往往让父母头疼不已。

其实，孩子的不讲道理就是儿童缺乏自制力的表现，因此父母一定要努力培养孩子的自制能力，对孩子不讲理的行为决不纵容姑息。

爸爸给了了买了一个漂亮的玩具车，准备下午带孩子到姑姑家做客，了了非常高兴，决定向表弟炫耀一下自己的新玩具。但是到了下午，忽然下起了大雨，了了趴在窗户前看了好一会儿，跑来问爸爸："爸爸，这雨会停吗？"爸爸知道，如果了了不能去姑姑家，他一定非常失望，于是安慰孩子："再等一等看，也许会停的。"

一个小时过去了，雨还是没有停，甚至还刮起了大风。于是了了开始吵闹起来，一边吵闹一边哭泣。爸爸安慰了了："姑姑家我们都去过多次了，也不在乎这一次。等大雨停了，爸爸再带你去，你看好不好？"了了吵闹着对爸爸说："谁知道雨什么时候能停！你都答应我了，现在又反悔，我不干！我

不干！"了了越吵越厉害，连邻居都惊动了！

爸爸很为难，又拿他毫无办法，于是就向他保证说："爸爸明天带你到商场去，再给你买一个玩具枪，能射子弹的那种，以前你不就想要吗？"

我们经常会看到一些父母犯这样的错误：孩子一哭一闹，自己就慌了手脚，马上对孩子又疼又哄，对孩子的不讲理百般迁就，或者很多时候，孩子因为某些不如意的事情，吵闹一阵子后，差不多快要停止下来了，忽然，又因为父母或其他人对孩子说了些安慰的话，孩子的情绪一下子又来了一个180度的大转变，变本加厉，越发吵闹得不可收拾！

了了对爸爸的吵闹便是一个很好的例子。

对一个孩子来讲，由于天气的原因，不能参加原来计划好的活动，一定会感到很失望，但孩子因此而纠缠不休蛮不讲理，在很大程度上正是由于爸爸的同情把这种失望的感觉扩大了。

父母们常常会低估了孩子对失望与挫折的承受力，总是不知不觉地以父母的角色，心甘情愿地替代孩子"受罪"。在这个例子中，爸爸对了了表示了怜悯，了了自己就越加觉得自己可怜，越加觉得"去不了姑姑家是难以承受的事"！

更糟糕的是爸爸提出的"补偿"办法使了了形成一种观念，那就是他在生活中所遇到的任何失望的事情都应该由别人来给予补偿。如果任何事情不能按他的愿望实现的话，了了就会感到生活亏待了他，他受到了不公平待遇。当爸爸的认为孩子的失望太大了，是了了不能承受的，他的这种态度，实际上低估了了了可能有的承受力。爸爸认为了了太软弱了，根本无法应付生活中的现实，他的这种态度将使了了也形成对自己的错误认识："我受到了一个很大的打击，没有能力应付了。"

　　生活中我们可以看到，往往是由于父母过多地在意孩子，才使得孩子得寸进尺，甚至于发展到无理取闹。而父母在处理孩子的这种行为时，通常会大声斥责，甚至大打出手，以达到使孩子改变行为的目的。父母的这种做法行不通！如果我们真是希望孩子能够改变那些蛮不讲理的行为，那么，父母正确的做法应当是适当地采取不理睬孩子的态度，至少应当保持相当程度的沉默。

教养的秘密

　　父母在孩子无理取闹的时候，不妨采取置之不理的办法，即所谓的冷处理。

　　这样，孩子才会在你冷淡的态度中反省自己的做法。

　　千万不要过多地在意孩子，你的在意只会让孩子得寸进尺。

做太阳式的父母,对孩子到底有多重要

不知爸爸妈妈们有没有听过这样一个寓言:

北风和太阳打赌,看谁的力量更强大。它们决定比试谁能把行人的大衣脱掉。

北风先来。它鼓起劲,呼呼地吹着,直吹得寒冷刺骨,可是越刮,为了抵御北风的侵袭,行人越把大衣裹得紧紧的。

接下来是太阳。太阳高挂在天上,轻柔温暖,行人觉得春暖上身,渐觉有点热,于是开始解开纽扣,继而脱掉大衣,太阳获得了胜利。

人们把这种以启发自我反省、满足自我需要而达到目的的做法称为"太阳效应"。太阳之所以能达到目的,就是因为它顺应了人的内在需要,使人的行为变为自觉。

"太阳效应"给我们的教育启示是:在处理孩子的错误时,宽容有时比惩戒更有效。

为什么宽容谅解会产生如此奇效呢?这是因为,当一个人不慎犯错时,首先他自己也会感到痛苦和内疚,孩子亦是如此。这时,他们最需要的是理解和信任。而宽容,恰恰能够给予他们这方面的满足,继而使人认真反省,痛改前非。

有这样一则故事,对家长们来说,应该是一种启迪:

一天，乔治先生回家刚打开房门，就听见楼上的卧室有轻微的响声，那种响声对于他来说太熟悉了，是阿马拉小提琴的声音。

"有小偷！"乔治先生快速冲上楼，果然，一个十几岁的陌生少年正在那里摆弄小提琴。

他头发蓬乱，外套口袋还露出两个金烛台。毫无疑问他是一个小偷。乔治先生用结实的身躯挡在了门口。

这时，乔治先生看见少年的眼里充满了惶恐、胆怯和绝望。那不是一个孩子应该有的表情。

于是，愤怒的表情顿时被微笑所代替，他亲切地问道："你是乔治先生的外甥阿瑟吗？我是他的管家。前两天，乔治先生说你要来，没想到这么早就到了！"

那个少年先是一愣，但很快就回应说："我舅舅不在家吗？那我先出去玩一会儿，待会儿再回来。"乔治先生点点头，然后问那位正准备将小提琴放下的少年，"你也喜欢拉小提琴吗？"

"是的，但拉得不好。"少年回答。

"那为什么不拿着琴去练习一下，我想乔治先生一定很高兴听到你的琴声。"他语气平缓地说。少年犹豫了一下，但还是拿起了小提琴。

路过客厅时，少年突然看见墙上挂着一张乔治先生的半身像，身体猛然抖了一下，然后头也不回地跑远了。

乔治先生确信那位少年已经明白是怎么回事了，因为没有哪一位主人会用管家的照片来装饰客厅。

三年后，在一次音乐大赛中，乔治先生应邀担任决赛评委。最后，一位年轻的小提琴选手凭借雄厚的实力夺得了第一名！评判时，他一直觉得这位选手似曾相识，但又想不起在哪里见过。颁奖大会结束后，这位选手拿着一只小提琴匣子跑到乔治先生的面前，神情激动地问：

　　"乔治先生，您还认识我吗？"乔治先生摇摇头。

　　"您曾经送过我一把小提琴，我一直珍藏着，直到有了今天！"年轻人热泪盈眶地说："那时候，几乎每一个人都把我当成垃圾，当您出现在门口时，我以为自己彻底完了，但是您宽恕了我，让我在贫穷和苦难中重新拾起了自尊，心中再次燃起了改变逆境的熊熊烈火！今天，我可以无愧地将这把小提琴还给您了……"

　　琴匣打开了，乔治先生一眼瞥见自己的那把阿马拉小提琴正静静地躺在里面。他走上前紧紧地搂住了这个激动的年轻人，三年前的那一幕顿时重现在乔治先生的眼前，原来他就是那个少年！乔治先生眼睛湿润了，少年没有让他失望。

　　宽容，使乔治先生成功地唤醒了孩子的良知，让孩子彻底改正错误，走上正途。这个故事应该让父母们有所感悟。

　　现实生活中，有些家长由于望子成龙、望女成凤心切，总是容不得孩子有过失、犯过错，认为必须严厉地教育孩子，才能使孩子改过。

　　但他们不知道，这样做往往会使孩子产生逆反心理，一些孩子甚至就越骂越皮，干脆破罐子破摔了。

　　因此，当我们的孩子犯了某种错误时，如果他自己对错误或过失的严重性已经有了较深的认识,深深地感到后悔和内疚了,这时,爸爸妈妈们不妨宽容一点,给予孩子足够的理解和信任,这样的教育方法会使孩子更好地反省自己,改正错误。

教养的秘密

孩子往往会在自觉、不自觉中犯下这样或那样的错误。孩子犯错时,给予适当的惩罚是很有必要的。

但是,我们不能一味只想着惩罚,而应宽严相济,甚至可以用宽容去"惩罚",这样的效果有时反而会更好。

儿童心理学家告诉我们,宽容孩子的过错才是最有效的教子方法。

CHAPTER 03

男孩也有小情绪:
用孩子的逻辑,化解孩子的情绪

情绪混乱的男孩,内心各有不同。

有时候,他们会认为是自己的过错。当然,我们知道,这并不是他们的错。

他们正经历着纠结与无助,认为没有人能够理解他们心中的苦楚,更别提给予他们帮助。

我们要让内心混乱的男孩放下心来,这并不难,只需要你钻进孩子的心里看看。

孩子特烦恼，我们如何是好

烦恼多来自内心的不安宁。其实，大多数烦恼是杞人忧天，担心的事情并不一定会发生，但是由于孩子的"免疫力"较差，因此烦恼往往会"乘虚而入"。于是，在一些家庭里便会出现这样的情况：

"妈妈，我睡不着。"

"是不舒服吗？"

"不是，我担心明天会下雨，班里组织的郊游就会取消呢。"

"儿子，你晚饭怎么只吃了一丁点儿呢？"

"妈妈，我吃不下，明天老师就要公布考试成绩了，我担心自己没及格。"

"妈妈，我不想去乡下姥姥家。"

"为什么？是不喜欢姥姥吗？"

"不是，我担心去了会像上次一样又停电，害得我连电视都看不上。"

那么，孩子们担心的这些事情真的都会发生吗？根据概率，99%不会发生。这些孩子的烦恼都是自找的，是杞人忧天。

心理学家告诉我们：自寻烦恼有百害而无一利，因为再怎么样的忧虑都无法解决任何问题，只会让自己的心情更糟糕，想法更消极而已。

孩子偶尔忧虑、烦恼并不可怕，可怕的是父母疏忽而不加以正确引导。孩子自己一时无法意识到烦恼对身心的危害，这样烦恼就会像章鱼的手一样，把孩子紧紧箍住，使孩子喘不过气来，从而给孩子的身心带来伤害。

每个孩子都会有烦恼，关键是看父母如何去应对。为了帮助孩子尽快走出烦恼的阴影，家长要注意以下几点：

我们需要引导孩子释放烦恼。

家长应该接受并允许孩子释放烦恼，只要孩子的言行不是太过分，家长可以让他适度哭闹或大声吼叫，也许孩子会使用侮辱性词语，比如"我恨你"，家长要理解接受，因为孩子需要通过表达来释放，他真正的意思是"我非常生气，我想让你帮助我分担我的烦恼"。孩子能够将烦恼情绪及时释放是件好事，释放可以宣泄负面情绪，避免抑郁，使孩子形成健康、乐观的人格。值得一提的是，家长要意识到该怎样教会孩子合理地表达自己的感受。

我们需要听孩子倾诉烦恼。

家长要做孩子的倾诉对象，要经常站在孩子的角度去看、去想、去倾听，这样才能及时了解他烦恼的原因，从而帮助他摆脱烦恼。比如，孩子与小朋友争吵，小朋友占了上风，孩子心里会十分难受，家长一定要引导孩子主动诉说，如"你怎么了，有什么不开心的事吗？讲给我听一听吧"。家长只要能耐心倾听，让他发泄心中的怒气，孩子很快就会忘记心中的恨意，烦恼也随之自然就消失了。

我们需要在孩子烦恼时给予他恰当的安慰。

孩子若是因遇到挫折而产生烦恼，自然会希望从家长那儿获得理解和安慰，家长的安慰能抚慰孩子受创的心灵。当孩子烦恼时，可能会满脸鼻涕眼泪地向家长哭诉，或是愤愤不平地抱怨其他小朋友。这时，家长先要能接纳他的情感，听听孩子的倾诉，然后根据情况作适度的安慰。家长处理的态度一定要适度，要表现得很镇静，心平气和地和孩子讲话，既不能太敷衍，如"没关系，不要紧"，三言两语带过，这样孩子会觉得你不重视他的问题，对家长产生怀疑，也不要太严厉，一个劲儿说孩子的不是，这样会使他更烦恼。家长安慰孩子，是设法使他的烦恼在爆发后能够渐渐平息下来，但不应该是无条件地顺从。如果毫无原则地一味迁就孩子，就不能真正解决孩子的问题。

教养的秘密

现在的孩子大多娇气、任性，一点儿小挫折就会引起烦恼。

所以，父母要从小锻炼孩子的承受能力，让孩子既经得起表扬，又受得了委屈。这样，孩子面对挫折才会越加勇敢、坚强，也就没有那么多烦恼了。

男孩的小纠结，并不是个小问题

父母们经常会听到孩子这样说：

"妈妈（爸爸），我的作业本让我弄坏了，我写不了作业了。"

"妈妈（爸爸），今天小明在老师面前说我坏话了，我很不开心。"

或者是"妈妈（爸爸），我的校服脏了，老师肯定会说我的。"

这些事情或许在孩子的眼中都是值得关注的事情，孩子也会因为这些事情而消耗自己很大的精力，但是家长要懂得正确引导孩子，毕竟作业本坏了可以换一个新的，小明说儿子坏话老师也未必会相信，校服脏了也不会影响到学习。

男孩从小就应该知道什么事情是关键所在，这样在他长大之后，想要完成一件事情的时候，才会找准关键和最重要的环节，不会本末倒置，更不会因为小事情而耽误了大目标。而爸爸妈妈在孩子面对一些小事情而纠结的时候。要帮孩子分解这些小纠结，然后告诉孩子，什么事情才是值得去关注的，什么事情是值得去纠结的，从而让孩子能够把握住重点，不至于在以后遇到同样的小事情的时候不知所措。

周六，齐燕和儿子雷迪打算去爬山，这是在上周末定好的事情。这天早上雷迪很开心，齐燕也在为今天的活动准备着，收拾着爬山要用的东西。说是爬山，其实也就是去山里散散心，儿子已经上四年级了，平时学习也很紧张，齐燕也是为了让孩子放松一下。

突然听到啪的一声，齐燕赶快朝儿子在的房间跑去，原来是雷迪不小心将照相机摔在了地上。儿子很喜欢照相，不管去哪里玩，他都喜欢带着照相机。但是这下可好，照相机被摔坏了，怎么也不出影了。儿子很着急，因为他今天想要拍很多的照片，周一上学之后，好将这些照片展示给其他小朋友们看。但是这下却没法照了，他很是沮丧，眼泪都差点流出来。齐燕希望自己能够将照相机弄好，但是相机似乎是摔坏了，怎么也弄不好。

齐燕看到儿子很是伤心，心想，其实这只是一件很小的事情，不能因为这件小事情而影响到孩子一天的心情。于是，她告诉儿子，其实不用照相机也能够拍照，她说："儿子，没有必要因为照相机摔坏了而不开心，今天我们的目的是去玩，去放松心情和锻炼身体的。到了那里，你是爬山还是顾着照相呢？再说了，如果你真的想要拍照，妈妈的手机也可以的，并且效果也很好的，所以没有必要因为这个事情不开心。"

儿子听到齐燕说妈妈的手机也能够拍照的时候，眼前一亮，变得开心起来。"妈妈，你的手机也能拍吗？让我看看。"齐燕将手机给了儿子，儿子拍了两张当作是实验。这件事情算是过去了，但是齐燕觉得孩子不应该为这些小事情纠结，难道没有照相机，以后儿子就不去爬山了吗？

在去爬山的路上，齐燕看儿子十分开心，便对孩子说今天出来的目的是放松心情和锻炼身体，这才是真正的目的，告诉儿子，他根本没有必要因为照相机的事情，在早上的时候发脾气。儿子听了齐燕的话，点点头。

其实，孩子年龄还小，根本认识不到什么事情是小事情，什么事情是重要的事情，所以说这个时候父母就要做出正确的引导。当孩子在小事情上纠结的时候，在当时应该转移孩子的注意力，让孩子意识到什么事情才是最重要的，久而久之，男孩才会分清事物发展的主次，不再在小事情上斤斤计较。

生活中，爸爸妈妈们要怎样帮助孩子摆脱小事的困扰，关注更为重要的事情呢？

我们先听孩子为什么事情发牢骚。通常男孩不开心的时候，会将自己心中的不满或者是纠结毫无遗漏地告诉爸爸妈妈，在这个时候，爸爸妈妈就要认真地听听孩子的想法，以便分析清楚孩子为什么事情发牢骚，才能够想到帮助孩子的方法。

然后我们认真地给孩子分析，什么原因才是阻碍他实现目标的关键。有些家长可能在听到孩子抱怨的同时，会跟着孩子一起抱怨。注意！千万不要这么做！这个时候，家长应该分析事情的原因和结果，从而帮助孩子找到值得去关注的步骤，让孩子忽略小事情的纠结和不快。只有这样，孩子才会在以后遇到同样的事情时，学会自己去分析和克服小困难。

小孩或许都有一个习惯，那就是会将自己的心思纠结在所有的事情上。不管是大事还是小事，也不管事情值不值得关注，他们都可能会因为这些事情而打乱心思。这个时候我们就要做出适当的引导，帮助他们摆脱小纠结，免得让男孩长大后也变得"婆妈"。

教养的秘密

当孩子出现纠结，我们没必要不停地安慰孩子，跟他说"没关系"。

因为，安慰往往会减轻孩子的挫败感，而当挫败感不是来自道德上的对错时，就应该让他学会面对生命里的不如意。

孩子有了纠结，简单地安慰之后，引导孩子去解决问题就可以了，因为他总要学习如何面对一切。

懦弱、讨好性格，到底怎么来的

两个男孩不知什么原因打了起来，大一点的反而被略小的孩子推了个跟头，嘴里还骂着脏话。两个孩子的母亲都走了过来，小孩子的妈妈们赶紧拉住自己的儿子，并连声向被推倒的孩子道歉。大孩子的妈妈忙说"没事的"，并转头训斥自己的孩子："怎么又跟人家打架，你比人家大，你怎么不知道让着点小弟弟呢？"

"可是，是他先骂我的！"被推倒的孩子争辩道。

"他骂你一句不痛不痒的，有什么关系！"他的妈妈继续训斥着。

孩子眼中的委屈瞬间不见，取而代之的是满满的无助、失望、寒冷、怯弱和自卑。让人看着心痛极了。

小孩子的妈妈可能觉得这种氛围有点尴尬，带着孩子走了。

小区有位邻居实在看不下去了，对那位母亲说："虽然我不知道他们为什么打架，但很明显，你的孩子吃了亏，我觉得他这个时候更需要你的安抚和开导，别让他觉得自己受欺负时是孤零零的一个人，否则，这对孩子的心理发展很不好。"

"他和别的孩子打架，我向来都是骂自己家孩子的，总不能说别人家的孩子不好。"看着这位妈妈自以为然的神情，对方简直要晕倒。

多么熟悉的画面，多么无知的原则！我们这代人从小不就是在这样的境况中长大的吗？难道父母在我们身上留下的懦弱的烙印，还不足以让我们深思吗？

一句"没事的"，或许那个男孩以后便会丧失保护自己的意识，以后他的东西被人霸占了，他被别人打了，他可能都会认为别人是对的。

当孩子吃亏时，家长说"没事的"，其实是在忽视孩子的情感需求，对孩子的成长影响很大，极可能刺激一些负面性格的产生。

我们说"没事的"，可能会让孩子变得胆小而懦弱。

小孩子凑在一起，经常会发生一些矛盾，有时孩子明明是受欺负了，比如自己的食物被别人抢走吃，自己的玩具被别人抢去玩，孩子第一时间想到的肯定是向父母求助，可这个时候父母却说"没事的，让给他们好了"，孩子心里一定很纠结——明明是我的东西，为什么不经我的同意，别人就可以随意夺走？

当孩子的利益受到侵犯，自己的物品被人抢走，父母说"没事的"，就是在向孩子表示：就算你被欺负了，你也得忍着！这种观念的灌输，会让孩子逐渐不懂得自我保护。

有些家长也许不认同："难道不该教孩子谦让吗？"

——教孩子懂得谦让，应该建立在遵守规则的基础上，不能教孩子向错误的行为谦让。

很多家长喜欢要求自家孩子谦让别人，甚至明知道自己的孩子不应该让，但碍于面子，好像不叫自己的孩子谦让就说不过去。他们常对孩子说:"你比他大,你看他都哭了,你让出来吧。"然后孩子很自然地认为:年龄小就受优待,下次遇到比我大的,我也可以蛮不讲理,抢人东西;谁哭了就受照顾,以后不管遇到什么事,不满意我就哭,哭就可以受照顾……而当孩子如此这般时,他们又开始一味指责孩子不懂事,而事实上,这难道不是我们暗示给孩子的吗?

不分青红皂白地谦让会让孩子产生混乱,不利于建立规则,不利于培养孩子辨别是非的能力,还会让孩子觉得不被尊重、不公正,感到委屈和压抑。今天你强迫他谦让,你传递给他的信息就是他也可以强迫别人谦让。

另一方面,如果孩子的愿望总是被压制,逐渐地,他就会变得胆小懦弱,变得不敢表达自己的感受了,长大成人之后,行为方面也会出现一些问题,他不敢维护自己的正当权益。

还有一种情况正好与之相反,如果孩子的利益受到侵犯,他们向父母求助,可父母因为种种原因总是轻描淡写地表示"没事的",孩子在认为自己得不到父母保护的情况下,就可能强迫自己"强大"起来,因为只有这样,他才能保护自己。

而孩子让自己强大的方式,往往就是暴力。

有个孩子,家庭条件不好,父母都是老实人,属于经常被人家占便宜,受一些小欺负的那种,但他们都认了。

在那个年代,农村孩子一般还是比较顽劣的,那个孩子因为家穷父母老实,平时也没少受熊孩子们的欺负。

他一开始也像父母一样忍气吞声,然后跑回家向父母哭诉,希望爸爸妈妈能够帮自己出头,可是父母每次都告诉他:"咱们惹不起人家,你就躲着点,就是打打架,又没打坏你,忍忍算了。"

然而大家小时候应该都体验过，那些以欺负人为乐的熊孩子，就算你躲着他，他也不会放过你的。

终于，那个孩子在经历一次次欺辱和一次次失望后，彻底爆发了——既然爸爸妈妈不能帮我撑腰，那我就用拳头帮自己撑腰！

从那以后，他变得格外凶狠，每次自认为受到侵犯，哪怕只是争个玩耍的小沙堆，他都会大打出手，就算一对多，他也会抓住其中一个不放，发疯似的揍。渐渐地，村里孩子都怕了他，当然，他的朋友也越来越少了。

后来上中学，因为和外村一个孩子起了争执，他一木棍把人打成重伤，进了少管所。

如果父母用"没事的"来忽视孩子的求助和恐惧崩溃的内心，性格强硬的孩子就会用暴力来保护自己。社会上有那么多少年刑事案件，难道还不能唤起我们的深思吗？

还有一点也许父母们没有注意到。

不管是受人欺负还是东西被抢，父母一再让孩子"息事宁人"，反馈给孩子的信息就是：别人欺负你，你要忍着，别人想要什么，你要满足！

这种无限牺牲自我，放弃自身意愿一味迎合别人的教育，很容易使孩子形成讨好型人格。

诚然我们生而为人，的确应该善良为本，应该推己及人，换位思考，但这并不表示，我们需要处处糟践自己去讨别人的欢心。你的孩子将来是自信满满，成为朋友圈的中心点；还是委屈巴巴，活得像个受气包一样，就取决于你现在对他的教育。

其实说了这么多，无非是想郑重地提醒父母们，当你的孩子权益受到侵犯，千万不要告诉他"没事的"。

"没事的"这三个字，是毫无道理、毫无底线地忍让和满足别人，却把孩子应有的权益剥夺得鲜血淋漓。

所以，当孩子的权益受到侵犯，当孩子向你诉说委屈时，希望你能守住底线，这样去做：

第一时间送上关心，安抚孩子。

孩子将自己受欺负的事情告诉父母，就是因为他们受了委屈，身心感受到了伤痛，他们觉得自己没有安全感。

所以当孩子向你诉屈时，我们要做的第一件事，就是和他们感同身受，问问他们抢夺物品或者打架的过程中伤到没有，疼不疼，表达你足够的关心和爱。

当孩子体会到来自父母的关心和爱以后，他们的安全感才会重新旺盛起来，他们的委屈也会减轻很多。

充分理解孩子的情绪。

孩子在受到侵犯以后，内心肯定是愤怒的，父母不要强行压制他的怒火。

告诉他，你很理解他的心情，你也知道错不在他，他的愤怒是合理的，但不要在愤怒之下采取偏激行为。

让孩子知道，如果错不在他，父母是会和他站在一起的，让他的负面情绪得到安抚和释放，如有必要，可以站在他的立场上批评做错事的孩子几句。

当然，也要让孩子知道，如果别人不是恶意，你和小朋友还是以和为贵，商量着和谐解决最好。

教养的秘密

孩子没有社会阅历，所以他们在受侵犯、受欺负的时候，往往不知道应该怎么处理。

父母可以和他们分析，为什么会出现这样的事，把彼此的对错剖析清楚。然后告诉孩子，当对方以错误的方式对你进行冒犯时，你可以反抗，可以拒绝他的无理要求，可以寻求大人和老师的帮助。

孩子脾气不好，需要对症轻疗

看见自己的孩子在众人面前"脾气发作"，对父母来说是很件很难为情的事情。一般情况下，当孩子当众有异常表现的时候，父母首先想到的是自己的面子，却很少有父母真正地去关心孩子此时的心情和情感需要。因此，父母便会对孩子的行为很快地加以压制。

实际上，这样做是不对的。作为训练有素的成年人，在父母的脑海中有成套的规矩，什么样的行为是可以接受的，什么样的行为是不应该发生的。在情感表达上父母也有明确的概念，什么样的情感是值得赞扬的，什么样的情感是不应该存在的。

而孩子却没有形成这样的概念。比如，孩子在 2 岁左右爱发脾气是一种正常现象。因为这一年龄段的孩子易冲动,自制力差,对挫折的容忍程度是有限的。孩子要到外面玩,父母不允许,为什么不允许,他不明白,有可能就要通过发脾气的方式来表达自己的感情。而4岁以上的孩子,对挫折有了一定的控制能力,初步明白了一些事理,假如还频频哭闹、经常发脾气,那么其原因大多数在父母身上。

父母应该明白:发脾气是孩子正常的情绪宣泄,要允许孩子发发小脾气,但更要找到孩子发脾气的原因及安抚孩子。

杨刚一向很固执,对自己认准的事决不回头。稍不如意就发脾气,找理由哭闹,妈妈对此感到非常头疼,总是提防着他的坏脾气爆发。

妈妈经常对朋友说:"我家刚刚平时都很乖,就是脾气一上来,怎么说、怎么劝都不行,真是软硬不吃。"一天,一位朋友说:"他总是有原因的吧?不会无缘无故就发脾气吧?"

妈妈留心观察,发现杨刚总是在父母不耐心或有恼怒表情后开始"发怒",而且纠缠不清。妈妈翻开一些育儿书来看,其中讲到孩子对归属感的寻求,不禁有些醒悟。或许杨刚看到父母生气,会想到他们不再爱他,因此,有危机感,因恐慌而暴怒?

找到原因就好办了。有一次杨刚又闹起来,这次妈妈没有训斥或表现出厌烦,而是和颜悦色地拥抱着杨刚说:"妈妈知道你心里难过,能不能告诉妈妈为什么难过呢?"这样问了一阵,杨刚终于吞吞吐吐地说:"我看你刚才生气,以为你不喜欢我了。"

"傻孩子,妈妈怎么会不喜欢你,刚才妈妈情绪不好,因此，对你态度也就不好了。可是妈妈是喜欢你的，你要相信妈妈。"这次以后，每当杨刚有迹象要发怒时，妈妈首先向杨刚声明她喜爱杨刚。这的确使杨刚平静了很多，不再没完没了地"找麻烦"了。

孩子脾气发作，不仅严重损伤孩子的情绪与生理状态，而且也使父母狼狈不堪，感到十分棘手。因此，父母要想方设法制止孩子哭闹、发脾气。怎样制止呢？一定要根据孩子发脾气的原因"对症下药"，方能奏效。就像案例中的杨刚妈妈，妈妈发现杨刚发脾气的原因是因为孩子担心妈妈忽视了自己，找到了孩子发脾气的原因，也找到了减少孩子发脾气的办法。

父母需要注意的是：

我们应该给孩子发脾气的权利。如果孩子正为某事在气头上，要允许他发脾气。父母不妨先坐下，安静地等待孩子，安静地看着孩子，不去打断他的怒气，全神贯注地关注孩子，这等于告诉孩子：你是被我在意的，我在认真地注意你的感觉或问题。给孩子发脾气的权利，有助于孩子宣泄心理能量，也是对孩子关爱的表达。

我们自己不要经常发脾气。当父母火冒三丈时，要注意孩子很可能会模仿这种处理问题的方式。假如父母动辄勃然大怒，又怎能期望孩子控制好情绪呢？因此，为了培养孩子良好的性格，不乱发脾气，父母一定要以身作则，为孩子创设一个良好的家庭环境氛围，让孩子保持积极情绪，学会控制不良情绪的爆发。

我们要让孩子有适当发泄的机会。假如孩子的坏脾气已经形成：

第一，可以采取冷处理方式，在其发脾气时故意忽视不理，让他慢慢冷静下来；

第二，可以选择适当的方式让他发泄出来。如通过交谈帮助孩子把怒气宣泄出来，或者让孩子去跑步，或去大声地唱歌等等。

总之，对于孩子的坏脾气，父母最重要的是引导而不是压制。

教养的秘密

孩子可以发脾气，但我们要及早发现孩子发脾气的苗头。

发现孩子发脾气的苗头后，父母要鼓励孩子把心中的不快倾吐出来。一旦发现孩子的情绪有导向发怒的可能，父母应立即提醒他。并搞清哪些事情正在困扰着孩子，并向孩子提供一定的帮助。

男孩的哭泣，和坚强并不成反比

自古至今，人们习惯了这样来要求男性，那就是"有泪不轻弹"。于是，很多父母在看到自己的儿子无缘无故哭泣的时候，或者是不知道怎么样来哄孩子不要哭的时候，会说上一句"你是小小男子汉，男儿有泪不轻弹"，以为这样教育男孩儿，他们就会变得十分坚强，其实不然。

不管是男孩还是女孩,在孩子的童年时代,泪水都应该伴随着他们成长。男孩子,他们也有不开心的时候,也有感觉到委屈的时候,如果在这么小的年龄段就压制他们哭泣的情绪,那么对他们来讲是不是有点太不公平了呢?

一个孩子的性格会影响孩子的一生,一个男孩爱哭,那只能证明他的情感丰富、充满童真,如果他在儿童时期就不善于表达自己的喜怒哀乐,压制自己的心情,那么长大之后怎么可能会变成一个开朗乐观的人呢?作为家长,不应该总是用"男儿"的高帽子压在小孩的头上,在他们的年龄段应该允许他们肆无忌惮地哭泣。

当孩子因为淘气而闯祸之后,家长们会冲着儿子大吼,吼完之后儿子往往会因为害怕而号啕大哭,这个时候家长们还会嚷道:"哭什么哭,你还有资格哭呀,看谁家男孩子像你这么爱哭。"或者是当孩子因为想要一个新玩具而在玩具店前哭闹的时候,作为家长的你可能也会说道:"宝贝,你看人家多听话啊,从来就不哭。你是妈妈的小男子汉,小男子汉是最听话的,是从来不会轻易流泪的。"家长们以为这样就能够培养出坚强的儿子,但是却不知道这样的言语无非是给孩子加重心灵的负担。

家长们认为一个男孩如果从小养成了爱哭的习惯,那么长大后也不会变得勇敢坚强。那么反过来讲,现实生活中,那些不爱哭的男人,难道真的是坚强的或者是勇敢吗?很多男人不哭是因为他们不懂得表达自己的情感,是因为他们内向的性格,而并非是因为坚强或者是勇敢。所以说,哭泣和坚强不成正比,男孩就应该在不开心和受到委屈的时候在大人面前哭泣。

周天娇的儿子已经 5 岁了，平时很少跟幼儿园的小朋友打架，可今天不知道怎么了，儿子的老师打电话说儿子小凡在幼儿园和一个小男孩抢夺玩具，并且把那位小朋友惹哭了。

周天娇很着急地来到幼儿园，老师看到她来了之后，便开始对她抱怨个不停："你家小凡最近也不知道是怎么回事，以前在课堂上是十分活跃的，也很少和小朋友闹意见，可是最近他不但很少说话，而且也很少笑。平时跟他玩的小朋友也都不怎么愿意和他玩了。今天他又跟其他小朋友抢玩具，还打了别的小朋友，别的小朋友哭得一团糟，他像是没事人一样。你们父母最近没有发现孩子的情绪有点不正常吗？"

周天娇听完老师说的话，心中有点不解。"没发现有什么不正常的呀。"周天娇说道。正在这个时候只听儿子对那个哭泣的男孩嚷道："你还好意思哭呢，男孩从来都不哭的，真没出息。"听到儿子说这句话，她突然想起了上个星期和儿子去买玩具，他要一个两百多块钱的玩具，自己没舍得给他买，他就开始哭闹，当时自己也是这样说儿子的。还有一次，给孩子打疫苗，儿子不想去，便开始哭闹，她就说："男孩哭鼻子是最丢人的，别的小朋友最不喜欢哭鼻子的男孩。"周天娇心想可能是自己的这些话触动了儿子的内心。

后来，周天娇将这件事情告诉了一名儿童心理咨询师，才知道原来是自己的"男儿有泪不轻弹"的思想让孩子的情绪变得压抑了，他因为在委屈的时候不敢哭泣，扩展到在开心的时候也不想微笑，从而就形成了老师口中的"不正常"。

其实，男孩也需要发泄自己的情绪，他们毕竟不是大人，他们的心灵需要有脆弱和发泄的机会，不要以要求大人的方式来要求孩子。即便你家的宝贝是男孩，也不要采取抑制他情绪的方式来让他变得坚强。一个不懂得表达自己情绪的人，怎么可能会懂得让自己变得坚强呢！

教养的秘密

男孩子爱哭，一般不是因为摔跤而哭，大都是没满足他的要求和目的，以哭来"要挟"。

弄清孩子哭泣的原因之后，父母正确地去解决。当孩子想要得到某件东西而未得到便哭泣的时候，我们需要做的是先不要理睬他，更不要一见孩子哭就训斥孩子，不许孩子哭。等到孩子的情绪稳定下来之后，再耐心地跟孩子讲道理，告诉他不是每件想要得到的东西都是能够轻易得到的，让他明白其中的道理。

改造"暴力儿童"，不可操之过急

壮壮4岁了，爸爸妈妈把他送进了幼儿园，一段时间以后，老师向壮壮妈反映，壮壮在幼儿园的表现很不好，因为他太暴力。

场景一：老师提问，壮壮举手，朗朗也举手，壮壮用手打朗朗，说自己先举手的，朗朗不许跟着举手。

场景二：老师带同学们画画的时候，壮壮冷不丁在妞妞已经画好的画上涂了一笔，原因竟然是不准妞妞比他先画完。老师温和地批评了他，妞妞本来都气哭了，看到老师批评了壮壮，也就算了，展开一张纸准备重新画，老师刚一转身，壮壮一把抓过妞妞的新画纸揉作一团。

场景三：壮壮妈听过老师反映的情况，表示一定会好好教育壮壮，帮助他改正缺点。和老师道别时，壮壮对妞妞说："是你害我被老师告黑状，看我明天怎么收拾你！"妞妞妈怒目相向，老师连忙制止，壮壮妈一脸尴尬。

场景四：回到小区，壮壮想要在小区的儿童广场玩一会儿，可壮壮妈刚一转身，他居然抢了别的小朋友的跷跷板。壮壮妈严肃批评他，他怒气冲冲地挥动小拳头就要打妈妈。

壮壮妈现在非常苦恼，可谁让自己把孩子从小就惯坏了呢。

孩子很小的时候，他们不能清楚地表达自己的意图，他们想要什么东西，往往会选择直接动手去抢，这对孩子而言是最直接有效的方法。有时孩子为了得到自己想要的东西，甚至还会抓人、咬人、打人。如果他们的这种行为家长一直听之任之，慢慢就会变成一种习惯性行为。

是的，我们平时一个不留意，就可能让孩子变得很暴力，现在壮壮妈很后悔，她把孩子送到人际圈中，才真切地看清孩子的优点和缺点。好在孩子现在才 4 岁，还有足够的时间和余地去挽救。而那些父母没有及时醒悟的孩子，结局可能就不那么美好了。

有这样一个男孩：他很聪明，成绩优异、家境优越，父母对他宠爱有加。可他却在13岁那年,用刀捅伤了同学,进了少年劳教所。

后来,他对发生在自己身上的悲剧做了反思:

"从小到大,爸爸妈妈给我的教育就是:只要学习好,犯了什么错都不是错,父母都不会责怪我。因此,我变得很任性。可能是任性造成了我的一种霸气,我的个头在班上最高,成绩也好,同学们都很服我。

"上中学时,爸爸妈妈告诉我要我学习好,然后就是在外不要吃亏,不要被别人欺负。如果我吃了亏,被别人欺负了,他们肯定会认为我窝囊,没有用。记得我小时候,有一次我带了玩具飞机去幼儿园,小朋友们抢着玩,有一个小朋友玩着玩着居然不给我了。我急了,夺过飞机就朝他脑袋上刺去,把他的头刺出了血。家里赔了人家钱,我很害怕,以为回家要挨打。哪知道,爸爸妈妈并没有责备我。

"我读小学四年级时打了同学,同学父母找到我家里来,我爸爸向人家赔了不是。送走了人家后,他对我说,'看这小子,懂得教训别人了。'妈妈告诉我,只要不被别人欺负,怎么做都行。当我去中学读书时,她对我说,现在的孩子都很霸气,你要是不让别人怕你,你就会被别人欺负。现在回过头来想想,我觉得父母对我的这些教育是不正确的,我在学校的打人习惯正是父母错误教育引导的结果。"

这个悲剧也引起了很多父母的反思,于是他们纷纷严厉管教孩子,纠正孩子的暴力倾向。但一些父母虽然有这个良好心愿,却往往不知道怎样合理教育孩子,因而就产生了反效果。

刘宇是个7岁的孩子,刚刚上小学一年级,不过半年来,他已经给父母惹了一大堆麻烦,为什么呢?就因为他爱打人!

上学才三天,刘宇就把一个小女孩的膝盖踢破了,后来又把同学的头打破了,再后来还用铅笔划伤了同学的胳膊……为了这些事,爸爸妈妈骂过他,打过他屁股,可他还是一犯再犯。

有一天,父子正在看电视,电话响了,爸爸接完电话怒气冲冲地拉过刘宇就是两巴掌,刘宇委屈地大哭大叫,爸爸更生气了:"说过一百遍了,不许打人,你还敢再犯,今天打死你算了!"爸爸又打了下去,这一次,刘宇竟然挣扎着用小拳头打爸爸,这让爸爸更生气了:"真是太过分了,竟然打你老子!"结果,那天爸爸狠狠地打了刘宇一顿后,把孩子丢回房间去"反省"。刘宇一个人在地上哭得稀里哗啦,不明白为什么爸爸可以打他,他就不能打人,最后他得出了一个结论,那就是他不能再打同学,只能打比自己小的孩子。

孩子是父母的影子,当父母面对问题时,习惯用暴力解决,那么孩子就会理所当然地认为,暴力可以解决一切。这也就解释了,为什么在暴力家庭中长大的孩子,往往更容易产生暴力倾向。

其实面对孩子的暴力问题,不管是家长还是老师,首先最重要的是,不能把孩子定性为"坏孩子"或者"问题儿童",这种定性对孩子的伤害非常大。

孩子在幼年时期,很多性格特征和心理特征都没有定型,他们往往只是具有暴力的倾向,离真正的问题儿童还差很远。他们需要的是宽容地接纳和耐心的引导,而不是一味地管教和指责。

那么，我们应该怎样帮助这些有"暴力倾向"的孩子呢？

第一步：指出错误，点明其危害。比如在这个事情中，爸爸就不应该拉过孩子就打，而应该先让孩子知道自己犯了怎样的错误，要指出打人是一种野蛮行为，是为人所不齿的，没有人会和打人的孩子玩，再这样下去，他就会失去所有的朋友。

第二步：冷静分析，化解冲突。如果孩子之间发生了冲突，父母一定要保持冷静，不要立即大声呵斥孩子，让他停止争吵，更不能因为害怕自己的孩子吃亏而护着孩子。应该让孩子自己说清楚发生冲突的原因，然后让他自己提出解决冲突的方法，或者为孩子提一些解决冲突的建议。

第三步：讲明道理，传授方法。比如，当孩子在玩自己心爱的玩具的时候，别的孩子可能过去抢他的玩具，孩子急了就会打人。这时候，父母应该教育孩子对抢他玩具的小朋友说："这是我的玩具，让我先玩一会儿，等会儿我给你玩。"或者让孩子友好地与其他小朋友共同玩。

第四步：角色互换，引导换位思考。父母应当让孩子意识到，打人是一种让人多么不能容忍的行为。在孩子打了人后，就用对比法给他分析问题。例如："孩子，如果有人打破了你的头，让你流血了，那妈妈一定会非常伤心，非常难过，因为妈妈爱你，希望你永远平安。其他的小朋友也有妈妈，他们的妈妈也爱他们，你打伤了那些孩子，他们的妈妈该有多难过啊！"这种对比可以让孩子深刻认识到自己的错误，反省自己的做法。

第五步：警告。父母应该告诫孩子，不要用武力解决和小朋友之间的冲突。父母绝对不会原谅他的打人行为，如果孩子再犯这种错误，就将受到严厉的惩罚。

需要注意的是，告诫并非单纯的责备，更不是一棍子打死，而是综合运用比较、劝勉、激励、警告等多种形式，软硬兼施地达到教育目的。

教养的秘密

改造家中的"暴力儿童"，不是一天两天就可以做到的事情，家长的耐心和恒心一定要够用。

我们只有在日常生活中逐渐渗透，潜移默化地去影响，孩子才能真正学会控制自己的情绪，约束自己的行为，将自己的暴力行为一点点改正。

引导你的男孩，跟自卑说拜拜

一个自卑的人往往过低评价自己的形象、能力和品质，总是拿自己的弱点和别人的强处比，觉得自己事事不如人，在别人面前自惭形秽，从而丧失自信，悲观失望，不思进取，甚至沉沦。

自卑的孩子动作迟缓，走路低着头，有时溜着墙根走，不敢与人主动打招呼；不敢当众发言，怕引人注意；不敢正视别人；说话低声细语；愁眉苦脸等；喜欢独处，总是给自己的心灵套上枷锁。自卑的孩子敏感多疑，总觉得别人在背后说自己的坏话，因此往往以一种消极或错误的防御形式来保护自己，不敢与别人正常交往，造成人际关系障碍。

自卑的孩子由于过低的自我评价，对自己持排斥、轻视的态度与消极、否定的情感，常常对自身的不足以及别人对自己的评价过于敏感，因而在人际交往中缺乏勇气，畏首畏尾，在行动上处于被动。作为父母必须予以高度重视。

李林峰是一位三年级的同学，他长着一对会说话的大眼睛，头发黄黄的，稍稍有些蜷曲，成绩上游，中等智商，非常腼腆，性格内向，在人面前不苟言笑，上课从不主动举手发言，老师提问时总是低头回答，声音听不清，脸也涨得绯红。

下课除了上厕所外，他总是静静地坐在自己的座位上发呆，老师叫他去和同学玩，他会冲你勉强笑一下，仍坐着不动。平时总是把自己关在房间里，不和小朋友们玩耍。遇到节假日，父母叫他一起去做客，他都不去，连外婆家也不去。

自卑的孩子总觉得自己处处不如别人，对自己百般挑剔。他们悲观失望，不敢接受挑战；常把自己定格在"我不行"的范围内，常常怀疑自己的目标和能力，自己第一个确信自己最终会成为一个失败者。长期下去，致使自己的潜能得不到积极的开发，进而陷入恶性循环中；心态和举止常常表现出消极、灰暗。

为此，父母要积极帮助孩子正确认识和处理自卑的消极情感，积极面对生活，不要让机会从眼前溜走。

首先，对孩子的自卑进行心理分析。这种方法可在心理医生的帮助下进行。具体做法是通过自由联想和对早期经历的回忆，分析找出导致自卑心态的深层原因。并让孩子明白自卑情结是因为某些早期经历而形成的，它深入到了潜意识，一直影响着自己的心态。实际上现在的自卑感是建立在虚幻的基础上的，是没有必要的。这样就可以从根本上瓦解自卑情结。

其次，转移注意力。要引导孩子不要老关注自己的弱项和失败，而应将注意力和精力转移到自己最感兴趣，也最擅长的事情上去，从中获得的乐趣与成就感将强化你的自信，驱散自卑的阴影，从而缓解你的心理压力和紧张。一个人这方面有缺陷，可以从另一方面谋求发展。只要有了积极心态，就可以扬长避短，把自己的某种缺陷转化为自强不息的推动力量，也许你的缺陷不但不会成为你的障碍，反而会成为你成功的条件。因为它促使你更加专心地关注自己选择的发展方向，促成你获得超出常人的发展，最终成为超越缺陷的卓越人士。

接着，让孩子全面了解自己，正确评价自己。你不妨将孩子的兴趣、爱好、能力和特长全部列出来，哪怕是很细微的东西也不要忽略。这样孩子会发现自己有很多优点，并且对自己的弱项和遭到失败的地方持理智和客观的态度，既不自欺欺人，又不将其看得过于严重，而是以积极的态度应对现实，这样自卑便失去了温床。

教养的秘密

当孩子怀疑自己的能力并为自卑感所困扰的时候，你不妨让孩子从过去的成功经历中吸取养分，来滋润孩子的信心。

不要让孩子沉溺于对失败经历的回忆，把失败的意象从孩子的脑海中赶出去，因为那是孩子不友好的来访者。

真正解决亲子代沟，你准备好了吗

父母和子女最常出现的问题便是"代沟"。

由于父母和子女所生长的背景以及教育程度不尽相同，因此，或多或少都会有些差距，既然差距不能避免，为何不去适应彼此的差距，喜欢这样的差距，然后接纳差距呢？遗憾的是，很多家长在这方面做得并不到位。

柳琴的孩子上初中之前非常听话，各方面表现都很优秀。到了初二以后，出现了一些问题，成绩有所波动，母子关系出现一些波折。但是总的来说，他们交流得还不错，儿子能主动跟妈妈说心里话，也基本能够接受妈妈的指导。

可是自从进入高中以后，孩子与以往大不一样了。每天放学以后就把自己关在屋子里，当妈妈的想和他说几句话也没机会，更别说谈心了，急得柳琴如热锅上的蚂蚁一般。

有一次，柳琴以饭后散步为由，敲开儿子的房门。儿子正听着音乐，他看了妈妈一眼，明显有些不高兴。柳琴说："既然你现在不写作业，就和妈妈一起去散散步吧。"儿子看都不看她，说："我休息一会儿还要写作业。"柳琴说："那正好散步回来再做，妈妈有些话要跟你说。"儿子的眼神分明很排斥："有什么好说的呀。"

柳琴又生气又伤心。凭女人的直觉她觉察到，儿子的心里肯定有事，如果一直不能与孩子交流肯定会出问题。孩子上初中那会儿，她还常常得意于自己教子有方，母子之间没有隔阂，并常以成功母亲的身份指教别人。现在这是怎么了？难道她与儿子之间也出现代沟了吗？

其实，父母子女因为生活的时代、社会环境不同，生活习惯、思维方式自然也不同，所以产生代沟是必然的。但这个代沟应该只存在于认知层面上，感情上不应该有代沟。家长更不应该以代沟为借口，原谅自己教育上的失误，忽视两代人之间感情的隔阂。

其实代沟是必然产生的，有它好的一面（孩子在成长）——不必为它高兴，有它坏的一面（不利于沟通）——也不必为它伤心。这实际上就是一种自然规律。

当父母与子女出现代沟时，应具备如下的看法：

（1）代沟不是坏事，反而代表一种进步，只有在进步的社会中才会有这种现象。

（2）青少年在这段时期应完成的使命便是"建立自我""完善自我"。所以，当子女和父母意见不同，表示他开始有一套自我的想法，只要有道理，父母都应该帮助他建立正确的价值观。

（3）或许子女现在的意见与父母不同，但不表示永远不相同，等到他成熟起来，或为人父母时，就会体会到你的苦心。

如果我们把"代沟"看成是一种良性的冲突，有助于亲子之间的了解，则不失为增进彼此关系的妙方。

我们接触过一些美国教师的家庭，他们父母子女间善于交流思想，讨论问题。这一点很值得中国家长学习。同时，我们深感父母应该多学会一些说理工作。

我们认为争执的原因就在于两代人之间缺少沟通，所以做孩子的知心朋友是对孩子发挥影响的首要条件。

一些父母认为，自己的孩子，自己生，自己养，每天生活在一起，还用了解吗？其实不然，孩子身上尤其是心灵上每天悄悄发生的变化，如果不精心对待的话，父母并不能了解。

这是父母与孩子的天然差距所决定的。

父母与孩子的差距首先是由心理发展水平引起的。由于儿童的感觉、知觉、思维等尚未发展成熟，他们对外界的感觉与成人是不同的。比如同样是看电视剧"鲁西西的故事"，当鲁西西趴在床上哭时，成人看到"鲁西西受了委屈，很难过"，但一个4岁孩子"看到"的却是"鲁西西不是好孩子，她穿鞋上床"。

有关儿童心理学的书籍里有充分的理论根据说明，成人与儿童的心理发展水平有多大的差距。

其次，两代人的知识差距、生活经验的差距以及对新技术的适应能力的差距等都有可能造成代际隔阂。

作为父母，你也许会无奈地发现，自己在孩子面前的权威性下降了，孩子"人不大，心不小"，样子还挺张狂。这是今天许多父母都碰到的难题。退回几十年前，父母对孩子几乎有绝对的权威性。他们喜欢说："我过的桥比你走的路都多。"

在今天，你敢说比孩子知道得多吗？信息化社会动摇了长辈的权威地位。情况不仅仅如此，计算机时代是成人与孩子同步进入的，而孩子往往比大人掌握得更快，知道得更多，至少在这个领域父母开始失去自己的权威。

至于说到孩子的张狂，假如你的孩子在 10~20 岁之间，完全是正常现象。10~20 岁是国际学术界认定的青春期。

心理学家发现，孩子在 10 岁之前是对父母的崇拜期，20 岁之前是对父母的轻视期，30 岁之前又对父母变为理解期，40 岁之前则是对父母的深爱期，直到 50 岁真正了解自己的父母。

因此，10~20 岁之间是代际冲突最为激烈的时期。从儿童期进入青春期的少年阶段，孩子最重要的心理现象是"自我意识"的强化。他们渴望独立又屡屡失败，常以苛刻甚至挑衅的目光审视父母和社会。但是，代际冲突具有不可估量的积极意义，它是社会前进的基本形式之一。

当然，父母的权威主要来自人格的魅力，而不是知识。不过，如何对待新知识和新信息，尤其是如何对待走向新世纪的下一代，往往成为两代人能否和谐相处的关键。当你不接纳下一代时，两代人关系极容易雪上加霜，而当你接纳下一代时，两代人都会生机勃勃、富有活力。

教养的秘密

作为成熟的父母，应当是善于与孩子沟通的，即善于发现孩子在想什么、在干什么。

当孩子做出一些成人难以理解的事情时，父母不是当即质问或训斥，而是平心静气地思考一下：孩子的行为是否有合理性？如果缺乏合理性，又是为什么？经过这样的思考，父母则容易了解孩子，而了解孩子恰恰是教育的成功之道。

CHAPTER 04

男孩为啥特叛逆：
解码男孩逆反心理，放弃无效教育

叛逆不等于变坏，只证明男孩"长大"了。

孩子的叛逆在他自己看来，总有他自己的理由，只不过也许在我们看来是不对的，或者说是不成立的。

这个时候，我们要以孩子的视角，理解和共情孩子的叛逆，以合适的方法陪伴、接纳并引导孩子，才是良策。

叛逆,并不是"我"的本意

"唉,这孩子,为什么越来越不听话了?"

"现在的男孩没法管了!"

这是许多父母经常发出的感叹。是的,男孩的叛逆让人头疼。家长们总是很诧异,为什么孩子小时候吃饱喝足就皆大欢喜,孩子越大,满足得越多,要求也越多。到了一定程度,只要稍微不如意,他们就跟父母对着干,无论怎样教育,都毫无成效。这是什么原因呢?

其实,孩子的叛逆心理也并非像我们所想象的那样——故意和父母对着干,也不是孩子越大就越不听话了。从某种程度上来讲,孩子的叛逆行为,其实也是一种渴望独立的信号。

随着年龄的发展,男孩不再对父母的话"唯言是听",而是渐渐地有了自己的想法,并能根据自己的经验做出相应的判断。这时候,如果做父母的不懂得及时沟通,及时了解,仍然凭借自己的人生经验,依照自己的想法去教育孩子,把他们当作一个什么都不懂的人,就很容易使孩子听不进去,也很容易使孩子滋生逆反心理。从而使矛盾不断升级,变成和父母对着干了。

陆海川刚满17岁,正在一所重点中学读高三。为了使陆海川能够考上理想的大学,有一个锦绣前程,父母给他找来了三位辅导老师，分别对陆海川的"语数外"进行课外辅导。谁知，陆海川根本不听话，每当辅导老师登门授课时，他就对辅导老师爱理不理的，有时甚至连招呼都不打，就跑到外面上网去了。弄得辅导老师来过几次后，就再也不愿意来了。眼看高考即将临近了，陆海川的父母开始苦口婆心地劝导他。

"你能理解我们为你请老师的用心吗？"陆海川的妈妈问道。

"这还用说吗？当然理解，只是不想说出来而已！"陆海川回答。

"那你为什么对老师这么冷淡呢？"

"因为我已经长大了，我有自己的学习计划，有自己的学习方法，干吗还要把我当作小孩子一样？"陆海川反问起来。

……

面对孩子的回答，陆海川的父母似乎无言以对。

陆海川已经 17 岁了，虽然不是特别的成熟，可他已经是一个能够独立思考的人了，如果做家长的还把他当成一个需要随时呵护的人，那么，孩子肯定接受不了。

由陆海川的事情我们可以看到，很多孩子的家长由于历史和家庭条件的限制，很多愿望未能完成，因此他们把所有的希望都寄托在了儿女身上，全心全力地想把他们打造成琴棋书画样样精通的全能人才，应该说，家长总是想把孩子纳入自己所设计好的轨道。而当家长的以成人化的理念和要求与孩子的想法以及目标相逆时，便会产生碰撞。然后家长就认为是孩子在学"坏"，孩子变得叛逆，却不承想，孩子是想有自己的主见。

面对孩子的叛逆，家长需要正确对待，而不是一味地以父母的姿态压制他们。

教养的秘密

  我们的孩子对万事万物已经渐渐地有了他自己的想法，有了自己的主见。

  所以，他们总觉得，长期以来，父母与师长对他们灌输的思想与理念，竟然有许多地方是"不对"的。于是，他们就滋生了叛逆的心理，希望能得到家人与外界的认可。

  其实，叛逆并不是什么大不了的事情，它不过是孩子渴望独立的信号，是一种希望得到认可的方式。

父母说了算，孩子可不干

  一些父母在生活中总是简单粗暴地对待孩子，孩子的一些想法行为，只要是自己不喜欢的，一律用高压压制、"改造"。结果，孩子表面上对父母唯命是从，但心里却对父母感到怨恨、恐惧、不满。

  其实，父母应该明白，孩子有自己的想法是一件很正常的事，应该认真考虑孩子的感受。如果孩子真的有问题，父母可以以朋友谈天的方式与孩子交换一下看法，让孩子心悦诚服地接受你的意见。

  马浚伟和几个好朋友约好了，周六晚上都去同学李明家下围棋，同时也商量一下升学考试的事情。吃过晚饭，他要出门时，爸爸却大声呵斥："晚上到哪儿去？不许去，给我在家里待着！"

"他去和同学商量考试的事。"一旁的妈妈替马浚伟解释，可是爸爸仍然声色俱厉："升学的事和同学有什么好商量的？用不着！开家长会的时候，我跟班主任已研究定了，你只要好好念书，考高分就成了。"

爸爸教训完马浚伟，又转过脸来冲着妈妈喊："就是你纵容他，惯得简直不像话！在这个家，我是老子，我说了算数！"

马浚伟的心里一片阴云，不仅仅是由于爸爸的阻拦使他在同学面前失了约而难过，也为爸爸如此的粗暴专制而难过。其实，他知道爸爸也是疼他的，有一次他生病时，是爸爸背着他跑到医院。可是，马浚伟就是受不了爸爸对他自己的事情的粗暴干涉。所以好多时候，他心里有事，宁愿憋着，也不跟爸爸讲，免得又遭爸爸的责骂。

简单粗暴也是不文明的表现。谁都不会喜欢专制的领导或同伴。子女对专制的父母同样也是反感的，尽管表面上可能表现得"百依百顺"。

用简单粗暴的方式去解决问题往往把好事弄成坏事，成事不足，败事有余。事后不少父母也后悔莫及，但由于未下大决心克服这种毛病，后悔归后悔，再遇事又旧病复发，弄得孩子见父母如同老鼠见猫，何谈沟通交流，更何谈父母子女之爱？

自然，父母不允许孩子做的事，大都是有道理有理由的，可是没有多少道理或者干脆不讲道理的也大有人在。但是对孩子，无论是在什么情况下，用粗暴、将帅式的语言、态度只会伤害孩子的自尊心，引起孩子更激烈的反抗。

因此，我们建议家长多站在孩子的角度想问题。要知道，孩子的思维方式和成人的思维方式是不同的，家长应该抱着平等的态度，丢掉成年人的认识框架，以孩子的眼光来理解他们的世界，并给予引导，那么亲子关系一定会和谐得多。

孔子曾说，"鞭扑之子，不从父之教。"也就是说被鞭子打过的孩子，不会听从父母的教导。简单粗暴的专制管教形式，是无法让孩子真正心服的。父母们遇到具体事情时，应当多和孩子协商、讨论，而在讨论具体的问题时，父母不妨多一些幽默感，不要压抑、限制孩子的愿望。对孩子提出的合理要求、愿望尽可能地去满足；对孩子的一些无伤大雅的"出轨"行为睁一只眼，闭一只眼，对孩子的合理建议要认真采纳等等。总之，父母一定要平等、民主地对待孩子，这样孩子才会爱戴父母，才会生活得毫无压抑感。

教养的秘密

两代人之间有太多的不同看法，父母不能因为自己觉得不合理，就粗暴地压制孩子。

对孩子"出格"的想法与行为，我们要尽可能地宽容谅解，把孩子当成独立的个体看待，不要粗暴地管制孩子。如果你能让孩子把你当成亲密的朋友，那么你就算得上是称职、开明的父母了。

当生命被操控，男孩便会发起反攻

  许多家长经常抱怨说，我家的孩子，你要他读书，他就要上网；你要他干点家务活，他就要去外面打球；你如果多说了他几句，他就说，你这人怎么这样烦啊！

  许多孩子则经常和他们的同龄人说，我爸妈太烦了，我想放松一下心情，在网上浏览一下新闻，我妈看见了，非说我不好好学习，总是强行将我的电脑关了；我想去外面和朋友打打球，可我爸非得要让我把家里收拾好了才能走。

  你看，同样的两件事，站在两个不同的角度，反映出来的心态却迥然各异。如果只听一家之言，他们所说的，都有他们的道理。但是，当你仔细地综合了双方的话语后，我们便会发现，这里面缺乏的就是沟通与理解。

  在家庭生活中，你也许不知道，进入青春期的孩子正处在成人感迅速增强，但心理却并不成熟的阶段，渴望得到成人的尊重，但他们对成人尤其是父母缺少基本的信任，总觉得父母"跟自己过不去"，也因此形成强烈的逆反心理，心灵的大门朝着同龄人开放，却对成人紧闭。这时候的男孩特别需要心灵关怀，需要理解和尊重，需要知心朋友。

  如果在这个时候，父母不理解男孩所处的生理周期，一味要求孩子言听计从，百依百顺，便会产生强大的逆差。

杜伟读初中的时候，非常喜欢信息技术这门课程，而爸爸简单粗暴地禁止他"玩电脑"，要求他必须把全部精力放在学业上，并制订了严格的计划，要求他每天放学回家必做多少作业、多少遍练习。这种做法引起了杜伟的强烈不满，既然爸爸不让他做自己想做的事情，他就故意不好好学习，让成绩一落千丈，明知这样做不对，杜伟依然我行我素，他甚至喜欢看到爸爸怒气冲冲又无可奈何的样子。

所有的叛逆都来自对束缚和限制的反抗。

孩子所面对的，除了他本身就有的生理与心理的束缚外，还有周围成人所刻意营造的各种限制。在从前，他无法意识到这种束缚与限制，就是意识到了也无力反抗。随着年龄的增长，他们渐渐能够清晰地看待这个世界，一个新的自我在迷蒙中跃跃欲试。然而，成人的限制是那么的严密和牢不可摧，而成长的力量还不足以挣脱自身生理、心理和知识的束缚，这时候的孩子正承受着蜕变之苦，体会着前所未有的迷茫，所以就会产生种种叛逆的举动，目的只是想以此来显示自我的存在。

在家长指控孩子叛逆的同时，家长也正好暴露了这叛逆的根源——过度呵护所演变的压制。正是这种看似善意的温柔的束缚，让正在成长中的孩子无所适从。所以家长们在指责孩子不听话的同时也应该反省一下自己，是不是束缚了孩子的身心，是不是没有给孩子足够的空间和足够的理解。

要知道，叛逆并不是什么不可原谅的错误，也不是什么无法解决的难题。家长们要做的是帮助孩子，而不是让他们远离父母，远离家庭。

那么，如何教育好叛逆期的男孩呢？

首先，要和孩子建立一种和谐关系，关系比教育更重要。爸爸妈妈要在建立这种关系的过程中，能够给予孩子被爱，被尊重，被理解的感觉。

其次，父母要获得自我成长，伴随孩子一起成长，在自我完善的过程中，给孩子树立一个榜样，这样更能获得孩子的认可，能在潜移默化中影响孩子、改变不良行为。

最重要的是，我们要找到多种方式教育孩子。青春期男孩的叛逆，主要体现在他不愿意接受家长的指示，尤其是强制性的指示，如果爸爸妈妈能够通过其他方式，而不是单一的责骂甚至殴打，让孩子明白他该怎样做，就可以起到事半功倍的效果。

教养的秘密

面对叛逆期的孩子，很多家长不是担心他们变坏，就是给孩子贴上了"坏孩子"的标签。

其实，叛逆期的孩子之所以变得"叛逆"，只是孩子在使用各种离经叛道或不易被接受的方式，试图掌握人生的主导权，从人类身心发展的角度来看，所谓叛逆，其实就是一种"长大"的过程。

面对这种情况，家长要站在孩子的角度，理解和共情孩子的行为，通过共情陪伴和接纳、引导孩子，才是良策。

因为总是被骂，所以他放弃自己了

一位家长沮丧地找到儿子的老师："老师，您帮我好好管管小东吧！他怎么这么不争气啊！说谎、逃课、不听话，从来就没见过这么坏的孩子！这样下去我还有什么指望啊？！"老师惊讶地看着这位家长："你就是这样看待小东的吗？"老师随手拿起一张被墨水涂脏了一块的白纸，"你看到了什么？""什么？"家长不明所以地回答，"不就是一块墨点吗？"老师笑了，"为什么你就只看见了墨点没看见这张白纸呢？脏了的只是一小块，其他的地方还是雪白。孩子更愿意接受奖励式教育的呀！你眼中的小东说谎、不听话，这是他的缺点，可他还有更多的优点呢！他善良、聪明、会画画、动手能力强、热心……"家长笑了："我可真是个粗心的父亲啊！竟然忽略了孩子的优点，谢谢您，老师！"

生活中，很多父母总是盯着孩子的缺点和错误不放，就如同只看到墨点而看不到大张的白纸，这种情形对教育孩子是极为不利的。因为家长只看到孩子的缺点，就会不停地斥责孩子，责令孩子改正。而儿童心理学家告诉我们，孩子是越骂越糟，越夸越好的。

一个孩子在奶奶家和父母家判若两人。

每次在奶奶家，奶奶都对他赞不绝口："这么好的小孩子真是难得，小小年纪就懂得礼貌，还知道吃东西的时候要分一份给奶奶！而且呀，我的宝贝孙子都知道帮奶奶干活了。真了不起，奶奶要做你最喜欢吃的鸡蛋糕奖励你！"

可回到自己家里却是另一番景象了。

一进门，妈妈就开始数落："像你这么调皮的孩子真是天下难找，要多捣蛋有多捣蛋，看衣服脏的，多么讨厌啊。"

爸爸也跟着骂他："一天游手好闲，不爱学习，什么也不知道做，我怎么会有你这个没出息的孩子！"

再看看孩子，帽子歪戴着，鼻涕也不擦，一副毫不在乎的样子。

什么原因？

奶奶总夸他的优点，于是，越夸越好，在奶奶家，他就是好孩子；父母老是训斥他的缺点，于是，越骂越糟，在自己家里，他就是坏孩子。

毫无疑问，天下的父母都十分爱自己的孩子，他们都希望自己的孩子是最聪明、最勇敢、最完美无缺的人。然而，这是不可能的，孩子们由于缺少自控能力，往往会有许多缺点：淘气、不听话、不爱学习、不讲卫生、说谎……于是一些父母就觉得很失望，责罚孩子，严厉地教训孩子，希望他们能很快改正缺点，结果他们更失望了，孩子越管反而越糟糕。这些家长都是很负责的父母，只不过他们用错了教育方法。

儿童心理学家经过千百次的实验与观察发现：小孩子总是在无意识中按大人的评价调整自己的行为，以达到父母奖励，或者抱怨中屡次提到的"期望"。因此家长们应掌握赏善的策略，不要只顾批评孩子的缺点，而是要反过来多对孩子的优点进行奖赏，这样，孩子就会在不知不觉中改正缺点，成为父母所期望的样子。

教养的秘密

每个孩子身上都有了不起的地方，都有闪光点。作为父母，应该抓住这些闪光点，通过鼓励，使它成为孩子进步的启动点，用这小小的星星之火，点亮孩子智慧的火炬。

每个孩子都能迸发出点亮智慧火炬的火花，认真对待每一颗心灵迸发出的火花，抓住它，强化它，也就是说努力去发现、鼓励、扩大孩子的每一个优点，把每一个优点都当作潜在的启动点。

孩子拒绝说话，到底卡在哪儿呢

很多孩子都有这样的抱怨：

"每次我和爸爸妈妈意见不一致的时候，他们都会用势来压人，不给我说话的机会，有时候根本不是他们说的那回事。"

"爸爸经常一个人否定我所有想法。"

的确，很多家长都存在这样的问题，不问缘由地对孩子乱发脾气。从严格意义上说，这种做法严重违背了教育宗旨。

　　一天晚上，一位30多岁的女士向公安局报警，声称自己的儿子被坏人诱导偷走了家里的两万元。在派出所，14岁的男孩，也就是报案的那位女士的儿子一言不发。无论妈妈怎么责问，苦口婆心地说自己赚那两万元多么不容易，男孩就是不为所动。后来一位二十出头的警察主动和小家伙"套近乎"，和他谈了一会儿当下热门的明星和游戏，两个人就熟络起来，一个小时之后就变得无话不谈了。

　　孩子告诉警察，自己偷来的妈妈的那两万块钱，除了买了一部两千块钱的手机以外，剩下的钱一分都没动。只是当天晚上他和朋友通电话的时候，妈妈因为他聊天的时间长大声训斥他，自己的那位朋友听到了很不开心，挂掉电话之后，他就和妈妈起了争执，当晚谁也没理谁。第二天，他看到妈妈往衣柜里放了一沓钱，就趁着妈妈不在家把钱偷走了，自己买了一部新手机，办了新号，这样以后打电话就不会被妈妈监视了。

　　民警将男孩的话告诉了他的妈妈，并嘱咐他妈妈好好和他沟通，妈妈针对这件事向儿子表示了歉意，告诉儿子以后一定会尊重他的朋友，再也不会那么做了。男孩也觉得自己的行为有些过激，从自己卧室的床底下拿出了装钱的鞋盒子，一场母子之间的误会风波就此结束。

　　可以看出，这个男孩并不是什么"坏孩子"，也并没有像妈妈说的那样被人诱导。只是因为妈妈没有尊重他的朋友而激发了他的"报复"心理，而妈妈后来直接武断地认为儿子被诱导偷钱更加疏远了母子之间的距离。直到最后，有人愿意倾听他的心声，他才把这一切吐露出来，一场误会才得以解除。

父母是孩子的第一任老师，也是孩子成长过程中接触时间最长的朋友，在孩子成长的过程中，最需要父母的关心，也最愿意和父母交流，特别是对于进入叛逆期的孩子来说，这种交流更是非常必要的。这个阶段的孩子自我意识加强，渴望挣脱父母的束缚，如果缺乏父母的理解，亲子关系就会变得紧张，甚至不利于孩子的健康成长。父母不愿意倾听、理解孩子最终可能会丧失倾听的机会，到最后孩子什么都不愿意和父母说了。

所以，父母要放下强烈的自我意识。要懂得亲近孩子、了解孩子，只有这样才能倾听到孩子的意见、想法。

发现孩子的问题时，我们要用积极的态度帮助孩子解决问题。无论孩子表现得多么失控，父母都要控制好自己的情绪，冷静处理。

如果父母发现自己的情绪也跟着失控起来，可以做做深呼吸，平静自己的心情，之后再心平气和地跟孩子说话。

我们处理负面状态时，不宜谈谁对谁错，因为没有人愿意承认自己是错的，如果此时在谁对谁错上争论，只会进一步恶化双方的关系。可以用"对不起""我爱你"等词语去抚平孩子激动的心，等到双方情绪稳定下来再继续谈事情。

当然，并不是每次家长和孩子谈话都能引起孩子的回应。有时候孩子会以"我今天很累，先不说了"为理由，来拒绝与家长的交流。这个时候，家长不妨尝试着自告奋勇一下，先拿自己"开刀"，讲讲自己今天一天都遇见了什么事情，读了什么书，见了几个朋友等等。当家长讲完，孩子很有可能就会争着抢着和你说他今天遇到的事情，读过的书等。通过这样的方式，家长就会了解到孩子生活学习的状态。

有的时候孩子不愿意说了，家长还可以装作彼此欢快地聊天的样子，可以抢着说出自己的情况。这个时候孩子不甘于被冷落在角落里，往往会主动地凑上前来"听我说，我也有事要讲"。

教养的秘密

每个人在高兴的时候都更容易接受别人的意见。当孩子处于兴奋状态的时候，家长和他交流最容易。

这个时候家长就可以利用他的情绪，来让他讲一下班级里发生的趣事，从而引起话题。

当孩子不高兴的时候，家长也可以通过及时的关心，来了解到底是什么事情使他不高兴。

加上原则的批评，男孩才不抗衡

很多大人喜欢听表扬而反感批评，孩子们也一样。心理学家研究证实，那些难以接受批评的孩子长大后，也大多会对批评持"避而远之"或干脆"拒之门外"的态度。由此看来，让孩子在幼儿时代就学会接受批评，无论对一个人完整人格的塑造，还是对促成其事业的成功，都具有相当积极的意义。

但是，在很多家庭里，孩子听不进父母的意见，更听不得批评，霍道夫就是这样的一个孩子。

霍道夫有点儿"小聪明"，从小就很讨人喜欢。在整个小学阶段，他虽然没有值得特别骄傲的荣誉和成绩，却也没有任何不光彩的记录。妈妈视他为家中的希望，爸爸也觉得他很争气，霍道夫自己也感觉特好。进入初中后，霍道夫变得骄傲自大起来，听不进不同的意见，更听不得半句批评，成了一个犟头偏脑的"小大人"。

比如父母对他说："道夫，你现在是初中生了，再不能像以前那样，成绩只能算个中等，我们希望你在这学期有一点进步。最主要的是，听说你进中学后常去网吧，这样可不好……"

"你们在跟踪我？谁说我去网吧了？想让我的成绩上去，你们就花钱送我去重点中学吧，在这个学校我已经尽力了！"父母的话还未说完，霍道夫便冲父母大声嚷道。

霍道夫之所以听不进批评，是因为他对自己评价过高，很自以为是。据心理学家研究，这是因为孩子在一片表扬声中长大，从小受到娇惯宠爱；当父母发现孩子骄傲自大，批评的时候又不注意方式方法，所以孩子根本听不进去。

那么，家长要怎样批评孩子，才能让孩子从内心里接受呢？记住以下几点：

第一，询问缘由，注意场合。当孩子犯了错误，作为家长首先要耐心询问："为什么这么做？"了解孩子猎错误的原因和动机，千万不要不分青红皂白劈头盖脸就骂。孩子也是一个独立的个体，他也有受别人尊重的需要，当众批评会让他的自尊心受到伤害。于是他会表现出"叛逆"和"不服从"，以此来表现他心中的不满。孩子连你批评的方式都没接受又何谈接受你的意见和建议呢？

第二，不要当众批评。对于自尊心强的孩子，家长在需要批评时一定要注意，不要让孩子当众丢脸，不要伤害他幼小的心灵，批评最好是单独进行。

第三，对事不对人。批评的重点应该放在孩子做的错事上，让他明白为什么这样做是错的，这样做会造成什么样的后果，不要对孩子进行人身攻击。

第四，把控自己的情绪。父母在批评孩子时，切忌暴跳如雷，态度要尽量平和，不要居高临下，咄咄逼人，这样会使孩子产生反抗心理。

第五，贯彻始终。对于同一种错误，绝不可因为父母的情绪变化，生气时就批评，心情好了就放纵，这样会使孩子难辨是非，不知所措。

第六，适可而止。在对孩子进行批评教育以后，只要孩子领会了批评的意思而又有悔改之心，就要原谅他，终止此次批评。

第七，允许孩子分辩。在批评孩子时，也应允许孩子做出解释，因为让孩子虚假地表示接受批评，但心里大感委屈，实际上不仅于事无补，还可能引发种种弊端。与此同时也要让孩子明白：解释的目的并不是推卸本来应负的责任，还应要求孩子解释时保持心平气和、实事求是的态度。

第八，培养孩子的自省精神。只有通过自律、反思、检查、剖析、克制等，孩子才会静下心来，客观公正地评价自己，并能清楚地认识到自身的缺陷。一个人如果不懂得自省，或者缺乏主动自省的精神，后果就是盲目自大，自我感觉良好，甚至发现不了自身存在的错误，以致遭遇挫折时还一味抱怨他人，从不想想问题的根源就在自己身上。

善于自省的孩子，不会在犯了错误或遭受挫折时怨天尤人，而是先从自己身上找原因。心理学家都认为：改善心智模式的前提是要有自省的能力和勇气，也就是要客观公正地认识自己，不留情面地剖析自己。

事实上，只要孩子学会了"善待"批评，批评完全可以如同表扬一样，鼓励孩子前进，而且可以起着表扬难以达到的警示作用。

教养的秘密

批评应以爱护孩子、培养孩子的良好品行为出发点，并充分相信孩子能够改正错误。

父母在批评责备孩子时，首先要站在孩子的角度想一想，不能一味蛮横指责，甚至羞辱孩子，而应该把握好分寸，使批评的话说得恰到好处。需要特别注意的是，在责备孩子时，应做到不要抨击孩子的人格，而应就事论事，单就他的一次行为或举止进行批评，这样就可以避免刺激到他的自尊心。

你但凡有点嫌弃，他就自暴自弃

中国的父母相信对孩子一定要严管，因此当孩子在学习或生活方面做得不尽如人意时，他们就会抱怨，就会责骂孩子。然而这样做究竟有何益处呢？孩子会说：反正我就是没出息了，怎么做也没有用。因而自暴自弃，一蹶不振。这样的结果一定不会是父母们希望看到的。

有这样一对父母，他们都是受过良好教育的人，他们的孩子非常聪明可爱，可就是有点贪玩不爱学习，于是这对父母就每天训斥孩子"没有用处，简直是个废物"！弄得孩子信心大失。

有一次，这个孩子考了一个不错的分数，他兴高采烈地把试卷拿回家去，结果爸爸说："这真是你自己做的吗？"妈妈斜着眼看他："不但学习不好，小小年纪还开始说谎了！"

结果孩子垂头丧气地走了，从此以后果然没有再考过好的分数。那对父母就像是得胜的预言家，对着孩子唠叨着："早就说过你不行吧！看你那点出息！"

这是一对多么可悲的父母。心理学家的研究表明：这类父母之所以认为自己的孩子"不是那块料"，实际上是自己没有识才的眼光与水平。自卑的父母都望子成才，由于不懂，甚至不相信自己能育子成才，因此就用"不是那块料"的恶棒，把自己与子女都毁掉了。要知道，即使是荆山之玉，尽管很美，也需要识别、雕琢，否则也不会成材的。

当你在责骂孩子时，你就是在向他不断施加心理暗示：你不行的，你不会成功的。试想一下，幼小的心灵怎能抵得过这样的"咒语"，在这样的情况下，孩子不变成庸才才怪。相反，如果你能常常热情地鼓励孩子，孩子就会下意识地按照父母的评价调整自己的行为，直到达到父母的期望为止。

这里有一个关于著名成功学家拿破仑·希尔的故事。希尔小时候曾被认定为是一个坏孩子。玻璃碎了，母牛走失了，树被莫名其妙地砍倒了，每个人都认定是他干的，甚至连父亲和哥哥都认为他是个无可救药的坏孩子。人们都认为母亲死了，没有人管教是拿破仑·希尔变坏的主要原因。既然大家都这么认为，他也就无所谓了，于是变得更加肆无忌惮。

有一天，父亲说给他们找了一个新妈妈，大家都在猜测新妈妈会是什么样的。而希尔却打定主意，根本不把新妈妈放在眼里。陌生的女人终于走进家门，她走到每个房间，愉快地向每个人打招呼。当走到希尔面前时，希尔像枪杆一样站得笔直，双手交叉在胸前，冷漠地瞪着她，一丝欢迎的意思也没有。

"这就是拿破仑，"父亲介绍说，"全家最坏的孩子。"

令希尔永生难忘的是继母当时所说的话。她亲热地把手放在希尔肩上，看着他，眼里闪烁着光芒。"最坏的孩子？"她说，"一点也不，他是全家最聪明的孩子，我们要把他的本性诱导出来。"从此以后，拿破仑正如他的继母所说的那样，成了全家最聪明的孩子。

继母造就了拿破仑·希尔，因为她相信他是个好孩子。

强者来自父母的不断赞美，做父母的应该勇于承认差异，并鼓励孩子逐步缩小差异，不要一味抱怨这不好那不行，对孩子进行百害而无一益的伤害，把本来活泼可爱的孩子变成没有理想、没有志气、庸庸碌碌过一生的人。

在日常生活中，请父母务必注意孩子的行为举止、好恶，在他与别人玩耍、交谈、阅读时观察他，你就会发现你的孩子虽不爱弹琴却喜欢绘画，虽没耐心却有创意，虽不善言辞却很热心，总有他优秀的一面，记下孩子的性格倾向，从而诱导他。

当父母用赏识的眼光来看待自己的孩子时，会发现他们魅力四射。

教养的秘密

有些父母嫌孩子做不好事，达不到自己的要求，就一味地指责、批评，孩子的潜能就被压抑住了。

其实孩子更需要你的赏识与宽容，给孩子机会，耐心地等待孩子发挥潜力。

当孩子取得一定的成绩时，请给他赞美和鼓励的掌声，因为即使是个天才，也同样需要成功的体验来积累信心。

"快快快",结果就是"拖拖拖"

"起床！起床！快起来！快去洗脸！快去刷牙……"一首名叫《妈妈之歌》的歌曲以及原创者的故事一时间被大量转载。创作并演唱这首歌的，是美国喜剧女演员安妮塔·兰弗洛。48岁的她是三个孩子的母亲，一次灵光乍现，她将自己催促儿女的话写成了歌曲。整首歌只听到一位母亲的急切："快啊，快点啊，不然就来不及了！"网友们听后忍俊不禁：原来，普天下的妈妈都是一样的。

《妈妈之歌》描述了一个现实：很多孩子每日生活在被催促之中，快速、高效、忙碌成为最基本的生活状态。曾经，父母叮嘱孩子的口头禅是"慢慢走，小心跌跤""慢慢吃，小心噎着"，现在孩子听到最多的是"快点吃饭""快点做作业""快点弹琴""快点睡觉"，甚至"快点玩"。

父母为什么要不停催促孩子呢？因为觉得孩子太拖延，打乱了自己的节奏，殊不知，自己这样做却打乱了孩子的节奏。

"快！快！快！"这种急迫而不厌其烦地催促传递着焦虑、愤怒，在孩子看来甚至带有敌意，那么，孩子就会用"慢慢慢"来对抗，正因为如此，通常，父母的催促往往换来的结果是"越来越慢"。

当然，孩子也有可能被越催越快，但那只是慌里慌张的草草了事。然而我们要的结果并不是"简单地把事情糊弄完"，而是要让孩子养成"把该做的事情做好""自己的事情自己做"的习惯。过分地催促孩子反而会使他们养成做事毛躁的性格。

做父母的，要懂得尊重孩子的内心节奏，要根据实际情况来教导孩子。事实上，孩子的节奏不可能完全跟随上大人对效率的要求，孩子与大人的生活节奏、生理节奏以及生命节奏都是大不相同的，对孩子的情感而言，效率是种束缚，是敌人。给孩子过高的效率要求，家长势必会付出很高的代价，它可能耗损孩子的才智、抑制其兴趣，可能会造成孩子情感的压抑和性格的极端任性，可能会影响身体的激素分泌，对孩子身体和心理都有很大的损害。

同事陈老师曾对我们说，她在儿子8岁生日那天大受打击。为什么呢？因为她儿子想要的生日礼物竟然是"一个什么都不用干的周末"。她说："我第一次如此真切地感觉到孩子内心的痛苦，这种痛苦深深地震撼了我。"

经常被打乱节奏的孩子，还会有早熟、易烦躁、耐性差的特征，或截然相反，表现为反应迟缓、自我压抑、对某些事物过分依赖。

第一类孩子学会了取悦他人并优先满足他人的愿望。

第二类孩子却因无法达到父母的要求而感到自己是"坏孩子"，从而失去自信。

这两种情况都容易让孩子丧失自我。

然而父母们通常看不到这些,他们看到的只有竞争,以及未来越来越激烈的竞争,他们变得紧张敏感,对自己生活中的空洞与空虚充满恐慌,于是自然而然地充当起孩子的教练,甚至是魔鬼教练。

王薇是一位6岁男孩的妈妈,她不无感慨又带着几分沮丧地说:"我承认,我的教育方法可能不是很恰当,孩子平时听到最多的一句话就是'你快一点'。但我又控制不了自己去这样做,我还是认为追求高效快速的规则是有必要的——一旦生活节奏慢下来,就很有可能被别的孩子超越。"顿了顿,她又说:"尽管我也感觉到这种快节奏不是很合理,它的确影响了我们的正常生活,也与孩子的天性背道而驰。"

"成功论"导向的教育方式,别让孩子输在起跑线上,更高更快更好的标准,都促使了中国父母急切的心态。然而从孩子的长远发展来看,把竞争过早地引入其生活,破坏性大于建设性:家长给孩子施加压力,孩子身上的这种压力又全部反弹给家长,在这种恶性互动中,最后双方都会不堪重负。在竞争焦虑氛围中成长,并被迫进入竞争轨道的孩子,更容易出现无力感、自卑感和心理失衡。总之,始于童年的竞争很少有赢家。

当然,凡事要一分为二地看,我们不能一味指责家长的做法,毕竟社会现状就是如此,爸爸妈妈们承担着巨大的压力,而且要找到一个适合照顾孩子和指导孩子的方式的确越来越困难。但我们还是应该试着和孩子一起放慢节奏去生活。让孩子根据自己的节奏去吃饭、穿衣,从而让他了解自己是谁,会做些什么。让他用自己喜欢的方式玩耍,以促使他把事物形象化、概念化,从而区分想象与现实,言语与行动。

　　回头想想,我们成年人,经受了多少日常的训练,吃了多少亏,走了多少弯路,才多少知道了一点轻重缓急,才知道怎样做事有效率,我们又凭什么要求孩子小小年纪就和自己亦步亦趋呢?所以,停止那些不必要的催促和逼迫吧,教育是一个漫长的过程,"不积跬步,无以至千里,不积小流,无以成江海","十年树木,百年树人",别让自己的焦虑毁了孩子的生活。

教养的秘密

　　在孩子的教育问题上,父母的行为模式决定着孩子的行为表现。

　　因此要改变孩子的拖延习惯,父母首先应该从正视自己的行为方式开始。如果你情绪难以自控,容易口不择言,看不惯孩子的动作慢,那么,在要求孩子之前,请先学会控制自己的情绪,避免让孩子感觉到你的不信任和不耐烦。其次,要给孩子保留成长的空间,也就是说,你的行为模式应符合孩子心智成长的规律。

让孩子做他喜欢的事，而不是你喜欢的事

生活中，父母们总是喜欢依据自己的意愿来为孩子做选择：让孩子学钢琴，让孩子学舞蹈，让孩子学理工科，让孩子考大学……几乎很少有家长会询问孩子的志愿，尊重孩子的兴趣和理想，因此亲子之间常出现矛盾。父母抱怨孩子不理解自己的苦心，孩子指责父母干涉自己的自由，于是关系越闹越僵。

父母带着儿子到餐厅用餐，服务生先问母亲点什么，接着问父亲点什么，之后问坐在一边的小男孩："小帅哥，你要点儿什么呢？"男孩说："我想要水果沙拉。"

"不可以，今天你要吃三明治。"妈妈非常坚决地说，"再给他一点生菜。"男孩的父亲补充说。

服务生并没有理会父母的话，仍旧注视着男孩问："那么，你都喜欢什么水果呢？"

"哦，西红柿、苹果，还有……"他停下来怯怯地看一眼父母，服务生一直微笑着耐心等着他。男孩在服务生的目光鼓励下说："还有多放一点沙拉酱。"

服务生径直走进厨房，留下目瞪口呆的父母。

这顿饭小男孩吃得很开心，回家的路上，他还在不停地说

啊笑啊，最后，他走近爸爸妈妈，开心地说："你们知道吗？原来我也能够受到他的重视。"

可以想象，这个服务生给男孩带来了平等和自尊，更给男孩的父母上了意义深远的一课。那就是，孩子有自己的兴趣爱好，孩子的选择同样需要被尊重。

有一位父亲，他是一个普普通通的工人，他一直希望能把自己的儿子培养成才。

有一次，一个客人在看到他的儿子时，顺嘴夸了一句："这个孩子手指修长，一看就是块弹钢琴的料。"这位父亲动心了，他决定将儿子培养成钢琴家，就像郎朗一样。

第二天，他就去银行提出了所有存款买了一架昂贵的钢琴，又请了老师来教孩子。可是那个6岁的小男孩根本就不喜欢弹钢琴，他希望能和小伙伴一起参加武术班，可父亲却不愿意尊重他的选择，一定要他练钢琴。每次，小男孩都是哭着坐到琴凳上。

有一次他妈妈劝他爸爸说："既然他不喜欢，就别逼他了！"可小男孩的爸爸却气呼呼地说："不行，他懂什么？我说了算！"

一天，爸爸出去了，留小男孩一个人在家练钢琴，小男孩由于气愤，拿起一瓶胶水把琴键给粘上了。做完了之后，他突然觉得很害怕，爸爸一定不会放过他的。于是6岁的小男孩收拾了个小包决定离家出走，就在一条繁华的马路上，他被一辆汽车撞倒，双腿粉碎性骨折，他永远也不能再站起来了。

望子成龙、望女成凤当然没有错，可是家长不能倚仗自己的身份压制孩子,说到底人生毕竟是孩子自己的。强制孩子是没有意义的,家长必须学会尊重孩子的选择,尊重孩子的兴趣理想。

只有尊重孩子的选择,让孩子走一条自己喜欢的路,孩子才会愿意为此而奋斗,凡事都迎难而上,也只有这样孩子才会真正取得成就。

教养的秘密

给孩子自主选择的权利,是让孩子实现自我的基础。

每个孩子身上都拥有巨大潜能,当孩子按照自己的意愿去做一件事时,他总会想着尽力去做好,做成功。

孩子在自主奋斗的过程中,才华和潜能也可以得到淋漓尽致的发挥。

放下你的权威,允许孩子"还嘴"

在很多家庭里,孩子在受到批评、指责时,他们的解释和辩解常常被这样的话打断:"你不要辩解了,这没用","你还敢嘴硬","你又开始撒谎"。

这些话几乎在很多家庭和学校都可以听到。人们习以为常,不再奇怪。但是父母有没有想过,孩子在受到批评和责骂时，他为什么不能辩解呢？

在这种情况下，孩子一般会本能地产生委屈的感觉，进而伤心、怨恨。他会把这种委屈发泄到其他对象上，或者去想各种好玩的事情来摆脱这种情绪。这往往就是导致孩子淘气的原因。

明智的做法是给孩子争辩的权利，认真地听取他的争辩。

这样做，主要的好处有两个：

其一，从孩子的争辩中，做父母的可以了解到其发生某种错误行为的背景、条件以及心理动机等，以便有针对性地进行有成效的教育；

其二，让孩子争辩，也就为做父母的树了一面镜子，父母通过听取子女的争辩检验自己的教育方法是否得当，说的是否在理，发现不妥之处可以及时地调整。

从现实的方面讲，难道有哪位父母真的希望孩子长大以后遇到类似的情况而不辩解吗？不，那时他的母亲一定会气愤地说："你为什么不辩解？！你是哑巴吗？"

孩子的这种权利受到尊重，一般会增强他的自信心和荣誉感，他反而会注意别人的权利是否也被自己尊重，从而自制能力增强。同时，这样还可以营造家庭的民主空气，增强孩子各方面的能力。研究发现，这样的孩子具有很强的交际能力与其他方面的能力，对将来的发展是大有好处的。

心理学家经过科学调查得出了这样的结论：能够同父母进行真正争辩的孩子，在今后的日常生活中，会比较自信、富有创造力、合群。

因此，父母应该树立一种观念，允许孩子争辩，这不是什么丢面子的事。父母认为，假如允许孩子争辩，孩子就会不听话，不尊重自己，让自己为难，这种想法是极为不正确的。允许孩子争辩，对两代人都有好处，因此，父母要善于研究学习，让争辩发挥更大、更好的作用。

当然，允许孩子争辩是应遵守规则的，换言之，就是不允许他们胡搅蛮缠，随心所欲，而是在讲道理的基础上进行的。假如孩子违反了争辩的规则，父母自然应该予以制止。值得提醒的是，父母是规则的制定者，因此，在制定规则时要从实际出发，合乎孩子的情况，合乎一般的道理，否则，这种争辩就是不平等的。

给孩子争辩的权利，这对很多做父母的来说并非轻易就能做到的，他们在教育孩子的时候，往往是只能我说你听，哪能容孩子争辩。因此，给孩子争辩的权利，需要做父母的克服自以为是，唯我是从，只准说是、不准说不的单向说教的思维定式，代之以尊重孩子，鼓励争辩，勇于自以为非，善于双向交流的思维方式；改变轻则呵斥，重则棍棒的粗暴行为，养成重科学，讲民主，以理服人的良好规范。

教养的秘密

父母应该为孩子的争辩创造一种宽松、平等的氛围。

在争辩的过程中，父母应循循善诱、以理服人，不要以为孩子与父母争辩就是对长辈的不敬。

当然，孩子和父母争辩时不讲礼貌，这也是不被允许的，争辩不意味着可以野蛮顶撞父母，更不能打骂父母或说脏话。

请以宽容之心，对待男孩青春期的怪异

青春期的男孩情绪很不稳定，他们有反抗权势和习俗的倾向。

因此，男孩们常表现出很多怪异行为，看了叫人心烦，令父母们难以容忍。譬如：咬指甲、抠鼻孔、啃手指头、抓耳朵、干咳嗽、斜眼看人、擦鼻子、全身乱动；或是成天躺在床上两眼望天，手里不停地玩一件东西；或是一天到晚不停地抱怨，仿佛一切都令他看不顺眼，房子旧啦、衣服差啦、老师不好啦、父母是老古板啦；等等。

他们的坏毛病、坏习惯也一再重犯。早上大睡懒觉，晚上借口念书和洗澡，拖到深更半夜不睡觉。父母说他，他就生气，他会跟父母强辩，或是故意曲解父母的话。

青少年男孩的言行虽然如此不正常，但父母也不必惶惶不安。孩子们仍然是有理性的，因为是他本身的发育促使他的行为。青春期的作用就是要瓦解他已经成型的性格，接受必需的改变：从成型状态（儿童时期）经过瓦解状态（青春期）到再定型状态（成人时期）。每个青少年在青春期间都要重新养成他自己的性格，必定要从父母替他塑造的儿童期中挣脱出来，使自己焕然一新。

因此，他们有些怪异行为是可以理解的。

有一个著名的心理学家曾说过：处在青春期阶段的男女，言论和行为互相矛盾、变化莫测，这并不奇怪。他们在成长，在塑造成人期的性格，不停地在体验自我，要尝试各种各样的可能性。所以，他们容易冲动，尽管他们也知道冲动不好，应该克制，在公众面前不愿亲近父母，但他们内心的隐私还是只想向父母倾诉；表面上在处处模仿名人，私底下却又想标新立异，另创一套；有时表现急公好义，乐于助人，为社会、为他人，无私地做奉献，但有时又显得自私自利，冷酷无情，一心一意只考虑自己的利益，而毫不顾及集体的利益。

在一所高级中学，有位教师找了几位高一的学生谈心，要那几位学生谈谈他们最近的心理活动，毫无例外，这些学生心理上都很矛盾。

有个男生说："我近来心情很苦恼、很矛盾。因为，在内心深处，常有些欲望和冲动在燃烧，在折磨自己。想尝试，不太敢；想克制，又克制不住。"

另一个男生说："也许我这个人精力太旺盛，总想找个机会去亲自尝试一下人生各种酸甜苦辣，去实际做些事情，哪怕是发泄一下也好，而不愿只听一些不着边际的空谈。"

还有个男生说："不知为什么，现在我经常做一些连自己都莫名其妙的事，被别人看成神经质，喜欢装模作样，自己难以理解，一点也不愉快。"

对于青春期孩子的反常心理和行为，父母就算再聪明，也难以完全掌握，那又何必太操心，反而使孩子不高兴呢？对孩子的反常行为，暂时容忍，并不是表示赞同，正如医生从不拒绝病人的要求，哪怕感到它不合理，只因为他们是病人，但绝不鼓励也不赞许。暂时的容忍，就是在尊重理解孩子的个性和心情基础上，再寻找恰当的时机，进行有效的帮助。

对处于心情不定、常自相矛盾阶段的青少年，我们要理解他们，掌握他们的心理特点，不要横加干涉，一看不惯，就动辄斥骂，不妨顺其自然，听其自便。他们好活动，就让他们去动，喜欢孤单的，内心有种种隐私的，暂时也不要多过问。

父母要学会尊重孩子，因为孩子已经长大了。

处于反抗期的孩子不喜欢有人吩咐他做某件事或被迫接受某种意见，哪怕这些意见和行为是正确的。这时，你可以把自己所企盼孩子接受的做法与其他几种可能摆在一起让他选择。孩子在你规定的范围内行使了自主权，既让他表现了独立性，又往往能心甘情愿地顺从你的建议，双方皆大欢喜。

如果孩子执意反抗，父母就必须想办法转移他的注意力，例如：给他心爱的玩具或卡通，待其情绪好转时再与他沟通。不要非强迫他顺从你不可，更不要威胁他或利诱他。巧搭梯子，让孩子体面下台。孩子有时是为了逞能而耍犟，这时，你要顾全他的面子，帮他搭梯子，让他体面下台。如果他考试成绩一落千丈，你不能对他嘲笑讽刺，否则会适得其反，迫使孩子走上"反抗不归路"。

一些心理学家强调，要使孩子服从、不反抗，就必须给他们多一点爱、关怀与理解。事实上，反抗的行为几乎经常发生在每一个家庭，然而，一个苛求、缺乏爱的家庭似乎更易养成孩子叛逆的心态。家长应忽视缺点，赞扬优点。假如你希望孩子的错误行为不再发生，你就得狠下心来，忽视一切的错误行为。除了忽视他的错误行为外，你还得去夸赞他一些良好的表现。赞扬本身虽然只是一件小事，但对孩子而言，它已代表了你对他的爱、关怀与注意，以后他会乐于服从的。

父母切记，处罚绝不是办法，因为这会阻止孩子发展自我意识。

教养的秘密

当然，父母负有监护人的责任，但这种监护是监督与保护之责，是以尊重为前提的。

父母的责任在于通过自己的教育影响，使孩子能够独立面对心理矛盾并从容、恰当地处置。如此正确对待、巧妙实施，可以帮助孩子健康、自信地度过人生的两段关键时期。

CHAPTER 05

对男孩这样立规矩：
不打不骂不动气，孩子自觉守规矩

我们习惯用自己的方式去强力给孩子施压，以为他们就会印象深刻，就会知错改错。事实上，不是这样的。

如果你不倾听孩子的心声，就无法搞清他行为的原因。如果你搞不清楚他的理由是什么，想改变他的缺点就是不可能的。

男孩性格多散漫，自我管理是关键

刘文斌的爸爸最近很是烦恼，因为他接到了儿子班主任的电话，班主任表达得比较委婉，但还是用了一个刘文斌爸爸认为挺严重的词："散漫。"

据说，刘文斌上课时总是不太安静，跟旁边的同学说话，把凳子弄出声响，都是他曾经干过的。虽然对他的成绩爸爸还算满意，但是这种既影响自己又影响他人的坏习惯，刘文斌爸爸还是很不愿意在儿子身上看到的。但孩子天性如此，爸爸不免感到有些无奈。

刘文斌是个乐天派的男孩，他很有趣，也总能感受到周围的开心和快乐。似乎没有什么事情能让他感到压力，而这也常常是让他的父母、老师感到懊恼的事情。对他来说，似乎没有什么事情是太重要或太严重的。对于各门功课、考试、测验和学校活动，他也很少会有紧迫感。他总是很悠闲，觉得生活中没有什么大不了的事情。他属于这种男孩：走出家门的时候没有很多的想法，回到家也是一副散漫的样子。几乎每天早晨，刘文斌的母亲都会跟着他冲出房门，把午餐塞到他手中。

习惯这个东西会跟着人一辈子，一旦孩子的散漫无可收拾，今后他们无论做任何事，都会受到这个坏习惯的影响。家长应该教孩子认知现实生活中的真、善、美、恶、丑，然后，让他明白为什么要这样，明白了这些，他就会知道，散漫对于一个人的影响有多坏，而自我管理和坚强的意志对于一个人的发展帮助有多大。

男孩到了能够管理自己的年龄，家长就应该要他们学着自我约束，其实什么事情该干、什么事情不该干，孩子心里都是知道的，只是他们在自我管理这方面做得还不足。家长应该跟他们一起找到原因，并且帮助他们走出自我管理的这一步，毕竟散漫给别人的印象是很不好的。如果任由孩子自由散漫下去，无疑会对他的性格形成产生很大的影响，性格的形成是不可逆的，相信每一位家长都不希望孩子在这方面出现任何问题。

曾有一则新闻报道，某处海峡翻了一艘客船，死了几十个人，据新闻说，那艘船从出事故到沉没，有3分多钟的间隙时间，而正常取用穿戴救生衣具，仅需2分钟，然而，因为那艘船往返航程短，船上工作人员一向工作比较散漫，平时疏忽于向乘客讲解船上的救生常识，甚至，因为航程短，连必需的救生衣具都未带足……种种因素综合到一起，导致事故发生后，死了几十个原本能够逃生的乘客。

对于每一个人而言，从幼年到成年是一个漫长的过程。在这个过程中，如果一个孩子缺乏明辨是非的能力和道德观念，不对自己的言行进行适当的约束，任性放纵，想干什么就干什么，就会导致孩子人格的偏离，影响自身的健康成长，严重者会导致违法犯罪，造成对他人和社会的危害。这不是危言耸听，而是真实存在的问题。

那么，我们应该怎样对待孩子散漫这个问题呢？

有一位很特别的母亲，她训练孩子的意志品质的方法是很值得借鉴的：

这位母亲每天接送孩子都要经过一条铺着黑色地板砖的小路，她的儿子很喜欢办班级板报，常常会剩下一些彩色粉笔，他喜欢拿着这些粉笔在他喜欢的地方练写粉笔字。每天放学经过这条铺着黑色地板砖的小路，他都想在地砖上写写字，可是这里是公共环境，不允许乱写乱画，这位母亲每次都会认真教育她的儿子，晓之以理，告诉他这里为什么不能乱写，让他约束好自己。有一天，这位母亲故意迟了一会儿来接儿子，她悄悄藏在小路旁边的一棵大树下，她想考验一下儿子一个人路过这里时的表现。结果呢，她的儿子经过此地时并没有在地砖上写字，于是她就对儿子进行了奖励。通过这种训练，孩子的意志品质和自控能力都有了明显的提高。

其实，男孩天生就要较女孩散漫得多，在孩子中，散漫这种习惯并不少见，但它是可以通过训练去改善的。我们是孩子人生的第一任老师，我们的每一句话、每一个举动、每一个眼神，甚至看不见的精神世界，都会给孩子潜移默化的影响。在孩子面前，家长的表率力量不可忽视，如果我们想要孩子有控制自己的能力，就应该有良好的约束自己言行、情绪的能力。父母不能只看到孩子身上存在的问题，而应该主动改变自己的教育方法，以更多的好习惯影响自己的孩子。培养孩子的自我约束能力必须持之以恒，唯有经过日久天长的行为约束，方能使孩子在被动的受制约过程中逐渐养成主动的自我行为的约束。

当然也要注意教育的方法，很多家长热衷于传统的"你应该做什么，不该做什么；你这样做不对……"的教育方式，让许多孩子只懂得被动地接受管束，却缺乏自我约束的意识，一旦脱离了家长的管理，就会出现种种问题。

实际上，孩子自我管理能力的培养，从不是一蹴而就的，这需要一个过程。爸爸妈妈要放平自己的心态，帮助孩子体验"合格"后的喜悦感，可以给孩子一个拥抱或者跟孩子击掌等，让孩子体会到你为他约束自己真正感到内心高兴。孩子达到要求的成就感会促发孩子更加主动地严格要求自己。所以爸爸妈妈们切忌太急切，在培养孩子自我管理能力时不要有过多的指责和催促，这很容易伤害孩子的自尊心和自信心。

教养的秘密

父母教育孩子必须抓住每一个小环节，告诉孩子什么是对的、什么是错的。

不要觉得他们是小孩，什么也不懂。日常生活中的每一个细节对孩子的成长来说，可能每件都是大事。从小事做起，长期坚持，从根本上触动孩子思想的神经，才能帮助他形成正确的行为规范。

适度的处罚，是为了让更多人喜欢他

爱孩子就不要放任孩子，不要溺爱孩子。正所谓"玉不琢不成器"，如果孩子做得差，家长就一定要给孩子适度的处罚，这样孩子才能正确地看待自己。

教育家卡尔·威特为了培养儿子的善行下了很大功夫。从小就给儿子讲自古至今名人的各种故事。

在小威特稍长大一些以后,父亲就给他背诵各种道德诗。德国有很多讴歌仁爱、友情、亲切、有度量、勇敢、牺牲等方面的诗篇,小威特刚刚几岁时就能很熟练地背下来了。

适度的处罚可以让孩子健康成长。由于受到父亲的鼓励,幼小的小威特就立志要一辈子多做好事。不过,有时小威特也会在无意中做一些"坏事"。

在小威特3岁时,有一次家里来了好多客人,他们和老威特海阔天空地谈论着。

这时老威特养的一条狗跑了进来,小威特像其他孩子那样,一把拽住狗的尾巴,把它拖到自己身边。他父亲看到了就伸手揪住小威特的头发,脸色吓人,拽住不放。

小威特吃了一惊,把拽着狗尾巴的手放开了,这时他父亲也把手放开了。

父亲对他说:"小威特,你喜欢被人这样拽着头发吗?"

小威特红着脸说:"不喜欢。"

"如果你不喜欢这样,那么对狗也不应当那样。"

老威特不仅赞赏孩子的善行,也对孩子的恶行予以适当的处罚,是为了让儿子站在他人的立场上来考虑问题,使他能成为一个心地善良、富于感情的人。

孩子就是孩子,他们总难免出现一些问题和错误,因此一定要对他们进行合理的管教,就像威特教育孩子一样,在孩子做错事时,就一定要运用处罚的手段来教育他。

著名教育家威廉·达蒙在《期待：克服家庭和学校的纵容观念》中写道："所有的孩子都需要接受纪律约束，这既是积极性的，也是限制性的。如果孩子在学习技能，那么他需要这种约束来最大限度地发挥天赋。而在试探社会规定的极限时（每个孩子都不断地在这么做了），他们也需要这种坚定而又前后一贯的纪律约束。"然而做父母的总是很难把握处罚的度。

一方面，管教是必须的，但过于严厉的管教往往容易扼杀孩子的创造力、想象力，以及破坏孩子的自尊和人格的形成。

美国有一个男孩患有忧郁症，这是由于在童年时期经常遭受父母亲残暴的殴打。有一次，他半夜不小心尿床，父亲就用尿湿的床单包住他的头，并且把他的头塞进马桶。这种强烈、充满敌意、过分且出人意料的处罚，给这个孩子的心灵造成了极大的伤害，以致长大以后他一直无法从父亲对他稚嫩心灵所造成的梦魇中挣脱出来。

但另一方面孩子也是有判断力的，放任孩子也很容易让孩子觉得父母不够关心自己。当孩子知道自己犯了错时，不管是因为他的自私自利或是冒犯了别人，他都会期待父母做出适当的反应，毕竟父母象征着每个孩子所想要的公平、法令和秩序。父母若拒绝接受孩子的挑战，孩子就不会尊重父母，也觉得没有必要听从父母的话。因此，作为父母，你的责任就是制止孩子的错误行为，改变他的行为和思想方向。如果奖惩不分的话，孩子对行为的认定势必跟着摇摆不定，无所适从。

因此，无论是奖赏或惩罚都应有同样的程序和原则，作为家长在处罚孩子以前，首先应该了解什么是"适度的处罚"，然后才可能实施真正有效的管教，才能在奖励与惩罚之间寻找到一个平衡点：既不至于伤害孩子，也不至于放纵孩子。

适度处罚的前提应该有一个事先设定好的合理的界线，以制度和规定的方式确定下来，并加以公布。这些规定应该在孩子违反之前就讲清楚，一定要让他清楚地知道父母的期待和理由。

处罚孩子也是为了爱孩子，因此一定要掌握处罚的度，千万不要不分青红皂白，动辄处罚，否则只会造成孩子的逆反。

―――― 教养的秘密 ――――

你宠着他，只是让他喜欢你一个，但你严格要求他，是为了让更多人喜欢他。

但我们惩罚的目的，不仅仅是要让孩子知道自己错了，更为重要的是要让孩子知道自己错在哪里。

让孩子的脾气，成为教育他的契机

"现在的孩子越来越难管了！"一些年轻的父母抱怨说，"稍不如意，脾气就上来了。打也不听、骂也不灵，哄他吧，他还更来劲！"生活中，确实有不少这样的孩子，那么对于孩子的"坏脾气"家长应该怎样处理呢？

儿童心理学家认为，孩子爱发脾气是由于家庭教育不当引起的。特别是独生子女，如果从小就事事以他为中心，吃不得一点苦，要什么给什么，那么孩子就会养成遇事爱发脾气的习惯。

薛跃是小学五年级学生，外表看起来有点内向，然而，脾气却异常暴躁，许多时候控制不住自己。其实，小时候的他并不是这样，不知为何，随着年龄的增长，本来尚属听话的薛跃却像变了一个人似的。为此，他的妈妈带着他找到了心理医生。这位母亲向心理医生诉说道：

"跃跃小时很可爱，很逗人喜欢。后来不知从什么时候开始，他学会发脾气。脾气一来，九头牛都拉不转。他只要想干什么或想要什么，就必须立即得到满足，否则，就哭闹、打滚、扔东西、毁物品，甚至自虐——用头撞墙，扯自己的头发。他爸爸火暴脾气，他一闹，他爸爸就打。你越打，他越犟，一点也不示弱。眼看就要出人命，我只好央求他爸爸息怒，把他爸爸拉开，然后千方百计满足儿子的要求。可我却弄了个两面不是人。他爸爸埋怨，儿子也不领情……"

每个人都不希望自己的孩子是一个随意发脾气的孩子，可事实上发脾气是孩子成长过程中的必经之路，如果家长引导得不好，孩子就会像薛跃一样，养成乱发脾气的习惯，变成一个暴躁的孩子；引导得好的话，孩子的脾气就会成为每一次教育孩子成长的契机。

要解决孩子乱发脾气就要先知道孩子为什么发脾气。一是孩子的需要没有及时得到满足，这些需要，有些是物质上的，比如，孩子想买一个玩具或者买一些零食。有时则是生理上的，比如，病了不舒服，而父母又不是十分的重视，等等。这并不是说父母必须满足孩子的一切需要。当父母的要分析孩子的需要是否合理，既不要忽视孩子的心理、生理需要，也不能让孩子的需求变成贪欲。

既然孩子发脾气可能是为了获取某种满足的手段。那么，我们怎样才能改掉孩子乱发脾气的习惯，或者说对孩子发脾气采取什么样的对策才是可行的？

一是不能向孩子"俯首称臣"；

二是当孩子发脾气时，适当地采取"横眉冷对"的方式；

三是父母"以身作则"，让孩子从榜样的身上学到正确的东西。

孩子发脾气就向他屈服是最不可取的教育态度和教子方法。当孩子乱发脾气时，父母要保持冷静，对孩子的不合理要求绝不迁就，始终要让孩子明白，无论他怎么发脾气，父母都不会"俯首称臣"，他始终都达不到自己的目的。当孩子已经"雷霆万钧"时，父母及其他亲人不妨暂时都不去理会他。事后，再当着孩子的面，分析一下他发脾气的原因，细心地引导、教育孩子，相信孩子会从一次错误的行为中吸取教训。

父母在阻止孩子坏脾气发作的时候，既不要采取过于强硬的态度，也不能采取过于软弱的态度。最好是能够迅速而果断地将孩子的注意力转移到其他方面，以缓和紧张的局势。也就是说，当孩子正处于发脾气的时刻，父母不要一心只想到训斥孩子，因为孩子这时是听不进去的；也不要强迫孩子或者用武力威胁孩子马上停止发脾气。最简便的方法就是运用冷淡计把他撇下不管，或把他送出门外，让他一个人去发泄，去自我克制、自我平息。这样坚持一段时间后，孩子就会渐渐改正乱发脾气的习惯，因为他知道这样做是什么也得不到的。

教养的秘密

在孩子乱发脾气时让他尽情哭闹，一定不妥协；

但在他平静下来后，就不要再追究发生的事，而是温和地讲道理，这样孩子就会逐渐克制自己的脾气，让自己的行为向好的方向发展。

孩子撒泼索要不讲理，不妨试试冷淡计

现在的孩子是"小皇帝""小公主"，享受到了前所未有的爱护和物质供养。然而孩子们的要求却越来越多，花样层出不穷，让父母们着实有点难以招架。

父母们爱孩子的心情是可以理解的，可是一味顺从孩子只会助长孩子的任性和贪欲，对孩子的健康成长没有一点好处。因此，在孩子提出不合理要求时，父母就要态度冷淡地拒绝。

这是一位年轻母亲的教子心得：

我的儿子叫沈骏，今年9岁，他既聪明又漂亮，从小就受到了家人的宠爱。然而这两年，我们越来越觉得这孩子太任性了：走在街上看到什么就要什么，不给买就连哭带闹，因此我们只好一次次迁就他。

半年前，我去听了一个教育专家的演讲，他的一句话对我

触动很大:"不讲原则地迁就孩子就是害孩子。"因此我决心要改变孩子乱要东西的坏习惯。在一个星期六下午,在儿子的要求下,我答应带他去逛街。出门前,我跟儿子约定:只看不买,否则就不去。儿子满口答应:"行!"不过在我以往的经验里,带儿子逛商店,儿子的眼睛一旦瞄到玩具柜台上,不管合适不合适,只要他看中就一定要买。

到了商城,像以往一样,儿子照例要光顾一下四楼的玩具区。由于有约在先,我便放大胆子带他去了。儿子兴奋地东张西望,没一会儿,一辆可以远程遥控的玩具汽车便引起了儿子的注意,他便缠着我要买,我说不买。这下可不得了了,他顿时坐在地上大哭起来,边哭边说,他最喜欢小汽车,一直想要小汽车,如果不买就回去告诉爷爷奶奶、外公外婆,只要买了他就听话,以后什么也不要……以前在这种情况下,我就给他买了,但今天我却站着不动,告诉他不能买的道理。

可他根本不理这一套,咬紧牙关一个字——买!并且越哭越凶,最后,索性赖在地上不走了。这时,服务小姐及许多顾客都围了过来:"现在都是独生子女,就给孩子买一个吧。"你一言他一语的,说得我真是尴尬极了,真想一买了之。可是一想起自己的计划,便又横下一条心:不买!我冷淡地对儿子说:"你走不走?你真的不走?那我走。"我躲在楼梯口,很久才见儿子抹着眼泪跟了出来。

回到家里,我开始告诉儿子,他什么样的要求可以得到满足,什么样的非分之想会被拒绝。儿子似懂非懂地听着。

有了这第一次成功的拒绝后,我就继续进行我的计划,孩子的爸爸也和我站在一起,对孩子不合理的要求一律冷淡地拒绝。半年下来，孩子果然改变了不少，他的不合理要求、不良习惯少了，家长会上老师告诉我沈骏是个懂事又独立的孩子。

这位母亲的教育方法是非常成功的，父母对孩子提出的不合理要求，冷淡地予以拒绝，正是对孩子负责任的表现，一味地有求必应，就是溺爱孩子、害孩子。

请看下面这个例子：

妈妈说："北北，吃饭了。"

孩子说："今天吃什么？"

妈妈说："米饭、红烧鱼。"

孩子说："不，我要到街上吃肯德基。"

妈妈说："可是饭菜已经做好了，我也累了，明天再去吃，不行吗？"

孩子说："不，我今天就要吃。"

孩子又哭又闹，最后妈妈屈服了，带他到街上吃肯德基。

在这个故事中，孩子对母亲提出了极不合理的要求，母亲怕孩子生气竟然顺从了孩子的要求，她这样做既损害了自己的威信，又削弱了孩子的心理承受能力，可以说这位母亲的做法是非常失败的。

孩子是没有自立能力的，他的需求很自然要靠父母来满足。可今天的孩子生活在现代社会，他们不仅从父母身上，也从电视上，从大街上看到这多姿多彩的繁华世界，他们的视野宽广，他们的欲望也变得强烈。而父母们常不忍心拒绝他们的要求，千方百计予以满足。可是人的欲望永无止境，小孩亦是如此，甚至更为强烈。不要说以有限的精力、财力、时间去满足孩子无休无止、花样翻新的欲望几乎是不可能的；就连对孩子的需求全部都予以满足的想法本身就是一种大错误。

过于迁就孩子,等于间接促使孩子养成随心所欲、唯我独尊的不良思想,势必导致他们在日后迈入社会,进入实际学习、工作、交往中碰得头破血流,甚而误入歧途。

因此,在生活中,父母千万不要迁就孩子的不合理要求。对孩子非分的需求理当不要迁就之外,对孩子正当的要求,有时基于家庭的经济条件,或者出于教育孩子的目的,也未必一定全部满足。但是,不迁就孩子必须讲究方法。在孩子情绪激动时,要试图安抚他,要运用冷淡计:冷冷地拒绝孩子的要求,让孩子知道你坚决的态度,事后再把自己的理由坦率认真地告诉孩子,要相信孩子的认知能力,使孩子最大限度地理解自己的做法,让孩子感到父母不是不愿意满足自己的需求,而是自己的要求过分,或者家里的确有困难。促使孩子做到这一步,自幼明白道理与克己节制,心理承受一定的挫折,这对他们今后的生活道路亦是大有裨益的。

有些父母当时不迁就,可是经不住孩子的纠缠,或是由于心软,过一会儿又予以满足,这是最失败的。这样出尔反尔,定会让孩子产生这样的认知:即通过死缠硬磨的手段,无论什么样的要求都可以得到满足。也有些父母不注意相互之间的通气、默契,爸爸不迁就,妈妈却迁就了。又或许父母达成一致意见,爷爷奶奶却悄悄地予以满足,当父母提出劝阻时,老人又说这是他自己的积蓄,背后又在孩子面前唠叨——抱怨父母不疼爱孩子。这样不仅会造成孩子心理失衡,误以为父母不疼爱他,说得好听,说什么事情做不到,其实可以办到,只是不愿意为自己花钱。这显然是更不可取的。

教养的秘密

冷淡地拒绝孩子的不合理要求,是处理孩子任性问题的最佳办法。

需要注意的是,在孩子平静下来后,一定要告诉他拒绝他的原因,这样的教育才是有效的。

彼此的约定,让男孩甘愿奉命

"没有规矩,不成方圆。"大人要遵守社会公德、法律、规矩,孩子也必须遵守这些。要让孩子守规矩,从小就应该懂得遵守规矩的必要性。

有一个故事发生在英国。在一个再婚家庭里,有个少年名叫欧文,他是个非常不听话的孩子,与继父关系很紧张。平时他对继父总是绷着脸,心里怀着很强烈的对立情绪。有一次,欧文为了一点小事就用菜刀威胁继父,吓得继父只好找来警察。

后来,继父找来了心理学家。经过分析研究,发现欧文有一个爱好,就是特别喜欢开汽车,并且很希望自己拥有一部汽车。心理学家与欧文的继父商量,让欧文的继父借给欧文400美元买了一部旧汽车。继父与欧文订立了这样的一份契约,大概内容如下:继父借给欧文400美元买一部二手汽车,欧文以每周还 5 美元的方式归还。欧文可以采用以下方式挣钱：

欧文星期日到星期四晚上留在家里，或者在每天晚上 9：30 之前把汽车钥匙交给继父，每晚 4 角；

欧文星期五和星期六晚上留在家里，或在半夜 12：00 前把汽车钥匙交给继父，每晚 6 角；

每星期一次，在白天（具体时间由欧文自己决定）把门前屋后的草坪修整好，每周 6 角；

欧文星期一到星期五，每天晚饭前把家里的狗喂好，每次 1 角；

欧文每天 6：30 前回家吃晚饭，或者按早上母亲说的时间按时回家吃饭，每次 5 分；

欧文离家前，最迟不能超过中午，收拾好自己的房间，每天 5 分。如果全部做到，这些钱正好是 5 美元。

欧文要是做不到，就按以下条款给予处罚：

按照不能做到的条款的价值，欧文将在下一个星期被限制使用汽车，每差 5 分钱就限制使用 15 分钟；

欧文如果什么都办不到，就在下一个星期完全剥夺使用汽车的权力；

上述条款由继父负责执行。条款还规定，欧文做了其他好事，可以向继父和母亲提出来，并且商量好这些好事的价值。

契约还规定，双方只要提出要求，均可以修改甚至重新订立契约。

这份契约还真管用。从此以后，欧文很快地改变了他不听话的行为。为了尽快地得到这部汽车，他还表现出了许多意想不到的好行为，他与继父之间的关系也变好了。等到这部汽车属于欧文所有时，他与继父之间已经建立起亲密的情感关系。

现在的父母，特别是面对青春期男孩的时候，这种亲子对立的情况是经常发生的。如果你遇到这种情况，不妨也采用这种方法试试。这种方法一方面是很简明，便于把握；另一方面是从小就培养孩子按照规则办事的好习惯。

之前在网上看了一个帖子，是一位可敬的商场保安写下的。

多年前，他在商场里做保安队长。巡逻时看到两个男孩正偷偷把钢笔和几块橡皮放进衣服口袋。当他们走过结账柜台到外面时，这位保安队长拦住了他们。

两个男孩一看到他穿着保安服，吓坏了，这位保安队长也没有当众邀功，而是悄悄把他们带到保安室。他并没有报警，而是让两个男孩写下了保证书：

"我在××大厦偷了两支钢笔和橡皮，我做错了。今后听叔叔的话，要好好学习。如果我们遵守约定，叔叔便不报警。"

他们还约定，每隔半个月，两个男孩要去向这位保安队长汇报学习情况、在校表现等等。就这样，他们彼此遵守着约定，两个男孩从此努力学习，都考上了重点大学，如今已经成家立业。

就是这样的一个约定，让两个原本游走在犯错边缘的男孩迷途知返，从此以后，非但不再犯错，还以遵守约定的方式赢得了锦绣前程。

这就是"约定"的力量！

教养的秘密

与父母强加于自己的命令相比,男孩更乐于遵守自己参与讨论而形成的规则和纪律。所以,想要杜绝你的男孩下次犯错,你可以和他立下约定。

当然,约定必须获得男孩的同意才起作用,勉强同意或被迫同意都不叫约定。

最好的批评,是让孩子学会自我反省

一个善于自我反省的人,往往能够发现自己的优点和缺点,并能够扬长避短,发挥自己的最大潜能,去做好每一件事;而一个不善于自我反省的人,则可能会一次又一次地犯同样的错误,不能很好地发挥自己的能力。

楚汉相争,最终以项羽的失败、刘邦的胜利而告终。项羽之所以失败,就是因为他刚愎自用,不听别人劝谏,做不到自我反省,屡犯同样的错误,最终只能丧身乌江。反观刘邦的成功,就是因为他能够听取别人的意见,能够自我反省,不再犯同样的错误,才赢得了整个江山。而后来刘邦能够平定叛乱,稳坐天下,也是因为他能够自我反省、吸取教训。

善于自我反省成就事业的人屡见不鲜,因不能自省屡屡失败的人也不在少数。所以培养孩子,就需要培养他们做事自我反省、自我修正的态度，这样才能使他们在做事的时候减少失误，走向成功。

姑姑送给一鸣两条美丽的小金鱼。一鸣十分喜欢，把鱼儿放在玻璃缸里，看它们在水中自由地畅游。有一天，一鸣突发奇想，把金鱼从水中捞出来，丢在地板上。看到金鱼不停地甩动尾巴，一鸣觉得很好玩。

"一鸣，你怎么这么残忍！鱼会干死的，赶快把它们放回水里去。"爸爸看到这一情景，大声呵斥一鸣。一鸣无动于衷，对爸爸的呵斥置若罔闻。这时，奶奶走过来说："一鸣，如果你口渴时不给你水喝，你会怎样呢？""我会很难受。"一鸣有过口渴难耐的经历，便不假思索地说。

"是啊，没水喝很难受，可你把鱼从水里抓出来丢到地上，让它们没水喝，你说它们难不难受啊？而且，鱼是水生动物，比人类更需要水，一旦离开水，很快会死的。它们拼命甩动尾巴，是因为它们太难受了。"奶奶继续开导一鸣。一鸣不作声了，沉思了片刻，他对奶奶说："我错了，我以后再不把金鱼丢到地上玩了。"

当孩子做错事时，让孩子学会自己去反省，去总结经验教训，他们便不会再犯同类的错误，效果会比家长一味地斥责要好得多。

教养的秘密

父母在批评孩子的时候，不仅要讲究批评的方式和方法，而且对其他孩子的评价也要恰当，不能过分夸张。

父母应该让孩子明白，对待批评，头脑应该冷静，不要过于冲动，但这并不表示默不作声，而是应该仔细反省自己的行为是否有不恰当的地方。

责备自己，比责备孩子更有说服力

当孩子的想法、行为出现了差错时，父母们最常做的是责备孩子，严厉地管教孩子。然而事实证明，这样做的教育效果并不好，有的孩子被父母责骂过后，能在短时间内收敛一下自己，而一些孩子根本就不在乎父母的责骂，把父母的说教都当成了耳边风。因此父母们不妨换个教育方法，对孩子动之以情，不要一味指责孩子，也要反省反省自己，这样反而会打动孩子。

戴维 18 岁了，刚拿到驾照。

一天早上，父亲要戴维开车送他到离家较远的市区去办事。戴维非常高兴地答应了，因为他不但可以开车，正好还可以到市里转一圈。

他开车把父亲送到目的地，约定下午 2 点半再来接他，然后就去看摇滚演唱会了。等最后一首歌唱完的时候，已经是下午 4 点了。这时，他才想起与父亲的约定！

当戴维把车开到预先约定的地点时，看见父亲正孤独地站在路口。戴维心里暗想，如果父亲知道自己因为看演唱会而不守信用，一定会非常生气。

戴维低着头走了过去，先是向父亲道歉，然后撒谎说，他也想早点过来，但是车的引擎出了一点儿毛病，需要修理，维修站的工人们花了一个多小时的时间才修好。

听完儿子的话，父亲看了他一眼，说："戴维，你觉得有必要对我撒谎吗？"

"什么？不！我说的都是实话。"戴维争辩道。

父亲再一次看了看儿子，"当你在约定的时间没有到来时，我就给维修站打了电话，他们告诉我你没有去。所以，你的车子根本就没有出毛病。"听了父亲的话，戴维羞得满脸通红，他低着头向父亲承认了看演唱会的事实。父亲认真地听着，脸色变得更加难看。"我现在不是生你的气，而是生我自己的气。我觉得自己很失败，因为我养了一个说谎的儿子。我现在要从这里走回去，好好反省一下我这些年来做的错事。"

戴维的道歉并没有使父亲改变主意。

父亲开始沿着尘土飞扬的道路行走，戴维迅速地跳上车跟在父亲后面。戴维一路上都在忏悔，告诉父亲他是多么难过和抱歉，但父亲只顾着走路，根本就不理他。

17千米的路程，戴维以每小时3千米的速度一直跟着父亲。

17千米的路程里，看着父亲遭受肉体和情感上的双重折磨，这是戴维生命中最难忘的一次经历。然而，它同样是生命中最成功的一次教育。自此以后，戴维再也没有对父亲说过谎。

戴维对父亲撒了谎，父亲是完全有理由狠狠地责骂他一顿的，可父亲却没有那样做，但他反省自己的行为，要比一万句责骂更有效。戴维被感化了，因为这次经历，他一辈子都不会再想对父亲撒谎。

在劝导孩子时，我们常用的方法就是晓之以理，那么何不试试动之以情呢？冗长的说教只会让孩子产生"听觉疲劳"，不如以真情实感打动孩子、感化孩子，这样孩子才能真正地痛改前非。

教养的秘密

当孩子做错事时，他心里一定会感到歉疚。

如果这个时候，父母不是责怪孩子，而是反省自己，那么孩子一定会真正认识到错误，并改掉自己的坏习惯。

小错误及时训诫，防止男孩铸成大错

生活中，一些人认为：孩子不用太管，树大自然直。孩子长大了，自然就会变好了、懂事了。结果由于父母的放任，孩子的思想意识、道德品质都缺乏规范。尤其是潜意识的东西，更难把握。只要外界诱惑一下，邪恶便容易占据其心灵。

如今，孩子们看的书，接触到的事物，想的问题都远远胜过老一代，他们的思想活跃，行动敏捷，性格开放，若能引上正确的成长轨道，那么就会成为人才。然而，一旦偏离方向，被邪恶的东西引诱，那产生的后果也是不堪设想的。

其实，孩子再懂事，他的人生观、世界观也不会那么成熟，如果受了不好的影响，或是不好的行为习惯长期得不到纠正，那么孩子就很可能走向邪路。

有一位父亲，平时挂在口头上的一句话就是"树大自然直，孩子不用管"。

因为孩子从小聪明伶俐，于是这位父亲自认为自己的孩子天生聪明，无须管教也能很好地发展。后来，孩子迷上电子游戏，上课逃学，老师要求家长批评教育孩子，但这位家长却毫不重视。结果孩子的学习成绩一落千丈，只好留级一年。此时他才恍然醒悟，以后再也不说"树大自然直"了。

教育孩子是一件严肃复杂的事，父母必须仔细观察孩子成长的每一阶段，并适时地加以引导，这样才能使孩子健康成长，而不走向邪路。

在引导孩子的方法中，训诫就是非常重要的一种。

校长给杰克的妈妈打来电话，告诉她两天前杰克在休息时间打了某个同学，老师让他带张字条回家让父母签名，但是，杰克并没有把父母签名后的字条带回学校。

当然，妈妈对字条的事全然不知，她谢过校长，答应等杰克回家后她马上处理这件事。并且妈妈还从校长口中知道杰克以前就经常惹是生非。

杰克放学回家来了。

"你好，妈妈！"他轻松地同妈妈打招呼。

"你好！"妈妈强压怒火。她努力提醒自己小孩子常常会做这样的事。

"今天学校没有东西要交给我吗?"妈妈想给杰克最后一次机会。

"没有呀。"杰克一面若无其事地回答,一面把书包扔在沙发上。

"我刚接到你们校长的电话。他说几天前你就应该给我一张字条,上面说你在休息时间行为不当。字条还得由我签名。"她直截了当地告诉他,是因为觉得没有必要再问他"你肯定吗"之类的话,那只会给他再次撒谎的机会,并使自己受挫。

"哦,我弄丢了。"杰克低头看着地板说。

妈妈点点头说:"我知道了。那你至少也要告诉我这件事。"

"我忘记了。"杰克耸耸肩膀说。

这下子妈妈决定不能轻易原谅杰克的过错了。"不,杰克,你在撒谎,你打了人是吧?你让妈妈很失望!妈妈几乎不敢相信你会做出这样的行为!知道这样下去会怎样吗?你会变成一个坏孩子!"

"妈妈!"杰克吓得哭了起来。

"孩子,不管怎样我都是爱你的,因此我必须对你负责。我批评你是因为你确实做错了。对同学动手已经很不应该了,而且你还对妈妈撒谎!现在回到你房间去,好好想一想你的错误!"

妈妈的批评没有白费,杰克给妈妈写下了保证书,保证不再说谎和欺负同学,从那以后他真的改正了错误。

儿童心理学也认为:孩子由于世界观不成熟,是非观比较弱,容易走向迷途,因此父母应对儿童实行基本限制与约束。

就像这个故事中的妈妈一样，发现杰克屡次犯错，而不知悔改时，立刻运用训诫的手段教育杰克，让孩子彻底改正错误。

当孩子屡次犯错，不知悔改或者对自己的错误没有深刻的认识时，家长就应当运用训诫法教育孩子，让孩子彻底悔悟，避免走上邪路。教育孩子，犹如护理树苗，在树苗歪曲时，必须及时扶正，这样树苗长大后，才能成为栋梁之材。

教养的秘密

家长们应该明白，孩子在成长过程中，不但会受到家庭和学校的教育，也会受到社会环境的影响，而社会上的不良思潮和习气，很容易诱导孩子走上歪道。

当孩子有不良倾向时，训诫孩子是父母的权力和责任。当然，要记住的是训诫不是单纯的责骂，而是批评加教育。

只有得到教训，男孩才能在错误中长大

很少有家长意识到这一点：让孩子为自己所犯下的错误承担责任也是一种处罚。大部分家长通常是这样做的：孩子犯下错误后，家长赶快帮他弥补过失，事后再处罚孩子。其实这样教育孩子，效果并不会太好。

在西方，每个孩子都很清楚地被要求对自己的行为承担责任，如果违反规则就要接受合理的教训。比如当儿子磨磨蹭蹭

地误了校车时，就让他自己走路去上学；如果女儿不小心遗失了午餐的钱，就让她饿一顿。

罗伊刚上大学时，爸爸和他约定：每月3号给罗伊寄400美元的生活费。

结果第一次独立生活的罗伊用钱既无计划也不节制。三天两头与同学到校园餐馆挥霍，看到喜欢的东西就买。结果第一个月还没过完，罗伊的口袋里就只剩下几个钢镚叮当响了。第一个月，爸爸容忍了儿子的无节制做法，提前把第二个月的生活费寄了过来。然而罗伊却不知悔改。第二个月、第三个月仍旧早早就把钱挥霍完了。

终于，在离第四个月的收款日还有14天的时候，罗伊的口袋里又只剩下27美元了。万般无奈之下，罗伊只好拍了一封电报回家，内容简短明了："爸爸，我饿坏了。"爸爸很快回了电报，也非常简短："孩子，饿着吧！"

这实在是太奇妙了。在那之后只有27美元的14天里，罗伊绞尽脑汁节衣缩食，出手之前必会精细打算，竟然把艰难的日子熬过去了。

从此以后，大手大脚的罗伊开始精打细算，并且发现，其实只要稍稍节制一下不必要的支出，每月只要300美元生活费就足够了。这样一来，每个月罗伊甚至可以积攒下一些钱。罗伊用这些钱买了许多自己喜欢的书、磁带、唱片，做了一些比如自助旅游、捐款等有意义的事情，当然也没有忘记偶尔和朋友们到餐馆聚聚。

罗伊的大学生活比以前过得充实而丰富了。

在这个故事里，爸爸给罗伊的处罚是，让他自己承受错误造成的后果，这种处罚手段可以说是纠正孩子错误的良方，比责骂更能给孩子留下深刻印象，因为这种因果教训更能使孩子直观地看到自己的错误。

我们再来看看下面这个故事：

男孩在自家花园里玩足球，兴奋之下，把足球踢到邻居花园中，打烂了一盆百合花。小男孩怯怯地告诉爸爸，叫爸爸去拾球，可爸爸却要男孩自己去，首先要道歉，还要拿上一盆同样的花作为赔偿。

男孩不得已捧着花不情愿地一步一步走向邻居家。邻居是一位70岁的老爷爷，老爷爷看着男孩泪水盈盈的样子，非但没有责备孩子，没有留下花，还从屋里拿了一包巧克力送给他。

爸爸见儿子回到家里，小脸蛋泪水未干，可掩饰不住喜悦，又见儿子手里多了巧克力，知悉内情的父亲径直去找邻居，对他说："先生，我儿子犯了错，我想教育他，请你配合，犯错的孩子不应得到奖励。"然后他又要儿子拿着巧克力和鲜花送给邻居爷爷。一天之后，父亲才借着一次机会奖励一块巧克力给儿子。

这位父亲的做法似乎有点过火，但他是对的，对孩子明显的错误，明知故犯的错误，性质严重的错误，一定要严肃批评，并让其承担责任，直到他改正为止。

让孩子从自己的过失中获得教训，是一种非常高明的处罚手段，不要担心孩子无法自己承担责任，只有让孩子懂得违反规则就要接受合理教训，孩子才能学会自控。

教养的秘密

我们教育的目标就是让我们的孩子在生活中学会做人——引导、教育、帮助他们形成自我约束机制——一种发自内心地对自我的制约,而不是来自外界的强制。

任何不能使得孩子在生活中学习做人,不能维护孩子尊严的技巧都不能被称为约束,仅仅称得上是惩罚,不管它被包装得多好。

CHAPTER 06

男孩从小要自立:
不揽不替不宠溺,让男孩做最强的自己

父母们总是担心孩子输在起跑线上,于是早教班、兴趣班、学区房……恨不得把全部资本都给孩子押上。

却独独忘记,让孩子学会独立,才是他一切幸福的前提。

我们必须将自己的角色明晰,我们是孩子的陪伴者,而不是他的保姆,更不是他的奴隶。

条件再好，也别把孩子养成"小财主"

现在经济条件越来越好了，于是家长们可能觉得自己小时候吃了不少苦，现在有经济能力了，就一定要让孩子生活得舒舒服服，然而，这种想法是很危险的，如果孩子只知道花钱，不懂得节约，更不懂得靠劳动去挣钱，那么这样的孩子长大后，恐怕很难取得什么成就。

人人都说陈明阳生活在蜜缸里，他的爸爸是某纺织品厂老板，妈妈是个医生，家里有别墅、汽车，从小陈明阳就要什么有什么，爸爸妈妈都觉得自己就这么一个孩子，家里条件又好，千万不能委屈了孩子。

陈明阳8岁的时候，有一天，爸爸开玩笑地问他："阳阳，你吃最好的、穿最好的，你的钱哪来的呀？"

"爸爸妈妈给的呗！"

"那你可要好好学习呀！将来工作了，挣钱养爸妈！"

陈明阳却眨眨眼睛，一撇嘴说："你不是说咱家有好多钱吗？那就一起花呗！我长大了就去旅游，自己买玩具，还要天天玩！"

爸爸有点不高兴了："你要当米虫啊！我又不能养你一辈子，反正长大了就得自己工作挣钱去！"

陈明阳转身就跑出去玩了，爸爸的话根本就没听进耳朵里去。

　　陈明阳13岁时，已经成了班里的小财主，花钱如流水，可爸爸妈妈认为现在的孩子都是这样，反正家里有钱。有一天，老师向他的爸爸妈妈反映说，同学们写作文描述自己的理想，有的要当科学家，有的要当飞行员，还有的要当工人……只有陈明阳写着他要当米虫，每天吃、喝、玩。这下子爸爸妈妈可着急了，陈明阳为什么会这么"堕落"呢？

　　这个问题，陈明阳的父母恐怕要先问问自己，因为正是他们的娇惯，让陈明阳只知道舒服地花钱，却不知道赚钱的辛苦。而骄奢就会使人失去进取心，只懂得享受，不懂得奋斗。

　　我们不妨来看看富豪们是怎样对他们的孩子的。

　　洛克菲勒是世界上第一个拥有十亿美元的富翁。尽管他富甲天下，但他从不因此放任孩子们。

　　俗语说：富到穷，三代中。洛克菲勒意识到：富家子弟之所以浑浑噩噩，是因为他们不必为挣钱而发愁，为职业事业拼搏；终日锦衣玉食，腐败堕落，到头来碌碌无为，一事无成。

　　因此，他只给孩子很少的零花钱，让他们经常处于经济压力之下，让他们注意节俭，并希望他们靠自己的双手去赚钱。孩子们都学会了靠劳动赚钱，如拍死一百只苍蝇，可得一角钱，捉住一只老鼠得五分钱，背柴火、垛柴火或锄地、拔草都能挣到钱。

　　三儿子劳伦斯7岁、二儿子纳尔逊9岁时，取得了擦全家人皮鞋的特许权：清晨六时起床就开始擦皮鞋，擦皮鞋每双五分，长筒靴每双一角。

　　有一年，男孩们创办了一个菜园，他们种的西葫芦、南瓜等获得丰收。小洛克菲勒便按市场价格向6岁的四儿子温思洛普买他种的南瓜。而其他的孩子则把他们的产品用儿童车推到市场上，卖给当地的食品杂货店。这些劳动使孩子养成了节俭的好习惯，他们绝不会像一般的富家子弟那样挥霍钱财，因为他们的每一分钱都是辛苦赚来的。

洛克菲勒甚至亲自教男孩们自己缝补衣服，正因为有了这种艰苦的训练，半个世纪后的1968年，二儿子纳尔逊的一件小事曾令美国人大开眼界：那时，纳尔逊正在竞选美国总统，一天他坐在竞选飞机上，碰巧他的裤子后缝裂开了。这位家财亿万的总统候选人，竟不慌不忙地从自己的旅行袋中取出针线包，自己动手将裤子缝好。

小洛克菲勒对子女们严格的节俭教育，使子女们养成了很好的习惯，他的五个儿子个个事业有成。

而香港富商李嘉诚的儿子，同样生活得不那么舒服。李嘉诚次子李泽楷在美国读中学，毕业后考入美国斯坦福大学学电脑工程。读书期间，李嘉诚没给他任何经济资助，他一直靠做杂工、侍应生挣零用钱。他曾经在高尔夫球场做拾球小工，一做三年，每逢节假日，就背着装满高尔夫球杆的大皮袋在宽阔的球场上跑得汗流浃背。富豪子弟住高楼、坐名车、出入豪华场合的生活与他无缘。而这样的生活经历也让他养成了勤俭节约的习惯，他尽可能地存钱，并把每一分钱都花在刀刃上。

大学毕业后，李泽楷自谋职业，在多伦多最大的投资银行哥顿资本有限公司当工人。两年半后，李嘉诚才把他召回香港。

当然，让现在的孩子去做这些工作来赚取零用钱，可能不太现实，而我们举这两个例子，也只是为了向家长们说明这样一个道理：有钱也不能让孩子太"富裕"，让孩子只知花钱却不知人间疾苦就是在害孩子。因为一些权威的教育学家已经提出了这样的问题："一个没有俭朴习惯的孩子，一个只知道舒舒服服地享受生活的孩子，长大后可能热爱自己的工作吗？"在这些专家眼里，俭朴与勤劳是密切相关的。很难想象一个不爱惜东西、不珍惜金钱的人会热爱自己的工作。

因此，家长们在生活中，应该有意识地培养孩子的生存能力。比如要求孩子承担一定的家务劳动，而零用钱就按他完成任务的质量好坏来适量给予，如果家庭富裕的话，就要让孩子知道钱并不是自己从天上掉下来的，每一块钱里面都凝结着父母的辛劳，因此，一定要珍惜父母的劳动成果，逐步克服骄奢之气。

教养的秘密

一个没有责任感、没有价值观念的孩子，因为找不到自己的生命在社会中的地位与重要性，便会感到迷惘，而失去努力奋斗的动力，更容易为其他一些物质性的、轻浮的事物所吸引，进而沉溺其中。

因此，从男孩小时候起，我们就要巧妙地培养他的责任感，让现在的"富孩子"也能早当家。

现在让男孩独立，是为了他将来顶天立地

如果因为孩子做得不够好或者不够快，我们就替孩子来做，这不仅剥夺了孩子熟练和巩固一种技能的机会，而且抑制了孩子自立的愿望和尝试的热情。

父母这种做法会让孩子认为：

"我做的不如爸爸好，那就让他来做吧！"

或者"我这样做会让爸爸不开心，或许我一开始就不该自己做事。"

这样一来，孩子就接受了父母强加给他们的依赖心理。

但是我们常做的事是：当孩子形成了依赖习惯之后，反过来说"我的孩子从小就喜欢依赖别人，真没办法"。

其实，教孩子独立比替孩子做事更有价值。

可能一些父母醒悟的较早，在他们的坚持下，孩子已经习惯了独自上学放学、独自去超市购物等等。但是这还不够。

孩子逐渐在长大了，很多时候，他们应该有个小男子汉的模样了。比如：独自做决定、独自计划并完成一件事情等等。这些都是除了课堂学习知识之外，孩子必须掌握的生存本领。让孩子独立负责一件事情，这可以更大限度地激发孩子的积极性，在这个过程中，孩子学习生存技能以及基本生活常识的效率会空前提高，会学到很多书本和学校学不到的知识。

有人去英国探亲时看到一件很有意思的事情：

英国的家长喜欢带孩子去郊游和野餐，有一次他去海边度假，看到许多小孩在海边玩耍，其中一个小孩用手捧着水往岸上的一个坑里灌。由于用手捧水会漏，距离又远，水总是装不满，他反反复复地试了很多次，丝毫不泄气。

后来，他停下来想找一个可以盛水的东西，但旁边什么都没有；最后他跑到爸爸身边，从自己的小包包中取出一张较硬的纸，然后折成盒状再去盛水，坑洞很快就盛满了水。孩子高兴地笑了，回头看着身后的爸爸，这位英国爸爸正在为他鼓掌喝彩。

时光会流逝，父母不可能永远跟着孩子，无法为孩子预约未来；社会在进步，事情不会一成不变，我们也不能为孩子设定方法；更何况孩子长大后所处的时代，一定跟他小时候的年代不同，身为父母，自己能否完全适应现在这个社会都是未知数，倒不如让孩子在他力所能及的事情上，自己去思考问题、解决问题，逐步培养孩子独自处理事情的能力。对于孩子来说，过程比结果更重要。这样，孩子才能大胆地去探索外面的世界，才能得到锻炼，为未来打下坚实的基础。

教养的秘密

很多独立的习惯要从小注意去培养，观察儿子在独自处理问题时有哪些优点和不足，然后有针对性地去锻炼他。

父母不妨刻意给儿子"制造"一些麻烦，然后让他自己去想办法解决。在这个过程中，刻意培养儿子的思考能力、变通能力以及做决定的能力，对于他们思维方式的建立以及勇气的发展都有很大的帮助。

适度挫折教育，让男孩做内心强大的自己

与外国父母相比，中国的父母们总是显得有点太过小心翼翼，他们给缺少生活经验的孩子准备好了一切事情，生怕孩子受到挫折。

然而，父母能一辈子这样照顾孩子吗？孩子在成长过程中总会碰到各种各样的挫折，到那时这个脆弱的孩子又怎能自己渡过难关呢？因此，爸爸妈妈要鼓励孩子从小就勇敢地面对挫折，让他们成为生活中的强者。

在日本的一个村庄里，有一对夫妻四十得子，因而对孩子宠爱有加，这使得在蜜罐中成长的儿子养成了一意孤行的脾性，他无论做什么都不太专心，就连走路也走不好，时常跌进水沟里，很是让望子成龙的父母焦心。

儿子7岁那年上了小学。可是他还是不能让父母放心，因为他走路喜欢东张西望，不是弄湿了鞋子，就是弄脏了裤子，经常抹着眼泪回家。

一天，孩子的父亲带一把锹去儿子上学必经的田埂上，在上面断断续续地挖了近十道缺口，然后用木板搭成一座座小桥，只有小心走上去才能通过。那天放学，儿子走在田埂上，看到面前一下子多出了这么多的小桥，非常惊慌，不知道该怎

么办好。是走过去，还是停下来哭泣？四顾无人，哭也没有人帮忙啊。最终他选择了走过去。当背着书包的他晃晃悠悠地通过小桥时，虽然很害怕，但却有种满足感。他第一次没有哭鼻子。

回家以后，儿子跟爸爸讲了今天走过一座座小桥的经历，脸上满是自豪。父亲坐在一旁夸他勇敢。

但妻子却对丈夫的举措迷惑不解，丈夫解释道："道路太平坦了，他就会左顾右盼，当然会跌倒；坎坷的路途，他的双眼必须紧盯着路，所以才能走得平稳。"

这个故事中的儿子就是赫赫有名的"经营之神"松下幸之助。正是父亲苦心挖断松下幸之助顺利前进的路，才培养了他直面困难、战胜困难的勇气和信心，也才有了他今天的成功。

在日本，像松下幸之助的父亲这样，故意给孩子制造挫折的爸爸是很多的，他们认为，只有让孩子从小经受一些挫折，日后他们才能独立战胜生活中的挫折，从容地走向成功。要知道，人的抵抗力、免疫力是一步步增强的，从无菌室里走出来的人，往往是脆弱的，他们抵抗不了细菌的袭击。所以，爸爸妈妈们应该对"太顺"的孩子进行一些"挫折教育"，帮助孩子树立坚强的信念，无论顺境逆途都能坚强面对。

爸爸妈妈们首先要改变原来的教育态度，让孩子走出大人的"保护伞"，不要怕孩子摔着、碰着、饿着、累着，孩子摔倒了鼓励他自己爬起来，不能为孩子包办一切，孩子的事情让他自己做，自己能解决的问题，如要玩具自己去拿，衣服、裤子自己穿。在家庭生活中，要安排孩子做一些力所能及的事，切不可把孩子成长过程中的困难都解决掉，把他们前进的障碍清除得干干净净。

爸爸妈妈们应该看到这一点，当你替孩子解决麻烦的时候，也便剥夺了孩子自己体验成败的机会，从而也纵容了孩子的依赖性，让他们无法从生活中体验战胜挫折后的自信。

人在一生中将会遇到很多困难，父母不能永远充当孩子的保护伞，因此，当孩子遇到困难不知所措时，爸爸妈妈应该鼓励孩子勇于面对困难，让孩子转动脑筋，充分利用智慧自己去解决，而不是亲自动手为孩子扫平道路。用你的鼓励，从小培养孩子直面挫折的意识和坚强地承受挫折的能力，方能有效地激发孩子生命的能量，使他们的自信心、创造力在危急与困难时刻发挥到极致，增长孩子竞争取胜的才干和驾驭生活的能力，而父母也少了许多不必要的麻烦。

教养的秘密

适度的挫折对孩子的健康成长是有益无害的，孩子面对挫折所表现出来的坚强和勇敢，正是他们日后走向成功的资本。

爸爸妈妈不妨放开你们的手，让孩子自己去面对生活中的一些挫折，让他们将来能够活得更鲜活。

忍住！别插手！别给孩子依赖你的机会

人是社会的，更是自己的。我们虽然处在一个和谐的社会，但人生中那些风风雨雨的确时常令人感到无助，于是有些人想要寻求一些帮助，却往往是带着希望而去，一脸失望而归。实际上，求人不如求己，生活中，没有谁是谁的完全寄托者，脚下的路还得自己走，再多的苦还得自己扛，谁也替代不了。

有个中国大学生，以非常优秀的成绩考入加拿大一所著名学府。初来乍到的他因为人地生疏，再加上沟通存在一定障碍，饮食又不习惯等原因，思乡之情越发浓重，没过多久就病倒了。为了治病，他几乎花光了父母给自己寄来的钱，生活渐渐陷入困境。

病好以后，留学生来到当地一家中国餐馆打工，老板答应给他每小时10加元的报酬。但是，还没干到一个星期他就受不了了，在国内，他可从来没做过这么"辛苦"的工作，他扛不住了，于是辞了工作。就这样，他不时依靠父母的帮助，勉勉强强坚持了一个学期，此时他身上的钱已经所剩无几。所以在放假那会儿，他便向校方申请退学，急忙赶回了家乡。

当他走出机场以后，远远便看到前来接机的父亲。一时间，他的心中满是浓浓的亲情，或许还有些委屈、抱怨——他可从来没吃过这么多的苦。父亲看到他也很高兴，张开双臂准备拥抱良久不见的儿子。可是，就在父子即将拥在一起的刹那，父亲突然一个后撤步，儿子顿时扑了个空，重重地摔倒在地。他坐在地上抬头望着父亲，心中充满了迷惑——难道父亲因为自己退学的事动了真怒？他伸出手，想让父亲将自己拉起，而父亲却无动于衷，只是语重心长地说道："孩子你要记住，跌倒了就要自己爬起来，这个世界上没有任何一个人会是你永远的依靠。你如果想要生存、想要比别人活得更好，只能靠自己站起来！"

听完父亲的话，他心中充满惭愧，他站起来，抖了抖身上的灰尘，接过父亲递给自己的那张返程机票。

他不远万里匆匆赶回家乡，想重温一下久违的亲情，却连家门都没有踏入便返回了学校。从这以后，他发奋努力，无论遇到多少困难、无论跌倒多少次，都咬着牙挺了过来。他一直记着父亲的那句话——"没有任何一个人是你永远的依靠，跌倒了就要自己爬起来！"

一年以后，他拿到了学校的最高奖学金，而且还在一家具有国际影响力的刊物上发表了数篇论文。

如果一个人在生活和工作中总是依赖别人的呵护与帮助，即便他具有再强大的本领，也只能是在激烈的竞争中不堪一击。所以，独立能力是具备竞争力的必备前提。所谓独立，就是指关系上不依附、不隶属。依靠自己的力量做事或生活。独立是一种基础生存能力，是塑造自我、完善自我的首要条件。

对于孩子来说，独立解决问题的能力对于他的成长和发展来说是至关重要的。

俗话说："温室里长不出参天松，庭院里练不出千里马。"这个道理虽浅显，蕴含的意义却很深刻。试想：如果我们的孩子3岁还不会自己上厕所、4岁还不会自己换衣服、5岁还记不住家的方向，那么，就算他能识字上千、背诗百首，人们能承认他是"天才"吗？

这样的孩子，长大后又会怎样呢？这样的例子在历史上其实比比皆是，许多"天才神童"在长大成人后沦为平庸之辈甚至丧失生活能力者并不少见。现实生活中，有不少父母认为，孩子还小，自己做事有危险，等到孩子大了，到一定的年龄，自然就会懂得独立。以至于很多孩子到四五岁时还不会自己穿衣服，遇到什么事情都要依靠父母。而事实证明，越早独立的孩子，长大后的自理能力越强，也更能适应现代社会的激烈竞争。

在西方，通常家长们都格外重视培养孩子这种独立竞争的能力。曾经有一位成功人士讲起自己小时候这方面的经历时这样说："小时候，有一天爸爸拿来几个苹果，我和哥哥弟弟都争着要大的，爸爸把那个最大的苹果拿在手上高高举起，对我们说：这个苹果最大、最红、最好吃，谁想得到它？很好，现在让我们来做个比赛。我把门前的草坪分成3块，你们三个人一人一块，负责修剪好，谁干得最快最好，谁就有权得到最大的苹果。"我们三人比赛锄草，结果我赢得了它。我非常感谢父亲，他让我明白了一个道理："要想得到最好的，就必须付出配得上它的努力。"

这种从小培养孩子勇于去争取、勇于去竞争的做法,对于孩子将来步入社会之后的帮助是非常大的。

教养的秘密

每一个父母都望子成龙,希望孩子将来能够出类拔萃。而实际上,因为父母的过度管教和过度保护,很多孩子成为巨婴,在社会生活中无所适从。

明智的父母应该知道,对孩子最好的帮助,就是放手让他学会自己走路。

爸妈"笨"一点,让男孩多来帮帮你

当儿子想要帮助爸爸妈妈做一些事情的时候,爸爸妈妈们可能会说:"乖,听话,去一边玩去,让爸爸(妈妈)赶快弄,不要打扰爸爸(妈妈)好不好?"

或者是当儿子主动帮妈妈做家务时,妈妈会说:"哎呀,我的小祖宗,谁让你拖地的,你干不了这个,赶快去洗洗手,看电视去。"

此时,儿子只有乖乖地放下手中的拖布,然后失望地离开大人的视线。

CHAPTER 06
男孩从小要自立：不揽不替不宠溺，让男孩做最强的自己

家长们以为这样才是对孩子好，甚至有的家长舍不得孩子做一点点的事情，认为孩子还小，应该宠着他们。但是他们忽视了孩子在慢慢长大，他们需要的不仅仅是父母的宠爱，也需要自己"宠爱"自己。

父母疼爱儿子是天经地义的事情，但是家长们千万不要过分宠惯孩子，尤其是男孩，如果一个男孩被你宠惯得不会做任何事情，他们依然不会开心，因为爸爸妈妈们总是表现出强大的力量，让孩子失去了表现自我的机会，从而男孩总是会认为自己是一个"弱者"。

在长大之后，这种思想也会如影随形。最终，男孩变得懦弱，遇到一点点的困难就可能让他们精神崩溃。所以说，爸爸妈妈们应该适当地满足一下男孩小小的成就感，让他们知道自己并非什么也做不了，让他们相信自己一定会是最棒的。

其实，爸爸妈妈们可以适当地"装笨"，让孩子帮助自己解决一些简单的问题，适当地满足一下儿子的成就感。在孩子帮自己做完事情之后，一定不要忘记给予鼓励和夸赞，这样有助于孩子变得更加的勇敢和自信。尤其是对于男孩来讲，自信和勇敢是关系到他们以后能否成功的关键因素之一。

闫菲菲今天工作很忙，所以让丈夫接儿子回家。她回到家中已经是7点了。这个时候丈夫已经把晚饭做好了，儿子也将作业做完了，她一进门丈夫就张罗着吃饭。

吃完饭后，丈夫就去看电视了，闫菲菲忙着收拾碗筷，洗碗刷锅，根本没看儿子在干吗，这个时候只听到嘭的一声，闫菲菲知道是儿子出了什么问题，跑出去一看，是儿子不小心把

餐桌上的花瓶打碎了。她看到儿子拿着擦桌布愣在了那里，一动不动，两眼盯着地上的花瓶碎碴，因为个子矮，男孩在擦桌子的时候，衣袖也蹭上了桌子上的油。

虽然闫菲菲没有骂儿子，但是她冲儿子说道："你还小，擦桌子让你爸爸做，看你把花瓶都还打碎了，胳膊上蹭了那么多油，妈妈洗衣服的时候又要花很长时间了。"儿子虽然没有哭，但是也不开心，低着头坐到了沙发上，乖乖地看起了电视。

连着两天的时间，儿子都一直不高兴，闫菲菲便问儿子出什么事情了，怎么看起来不开心，儿子说道："妈妈，前两天明明帮他的妈妈擦桌子，他的妈妈很开心，就连老师也夸奖了明明。但是为什么我帮妈妈擦桌子，妈妈却不开心呢？"闫菲菲终于知道了儿子的心事，她当然知道了要怎么做。

第二天下班后，她一边做饭一边对儿子说："宝贝，妈妈现在忙着做饭，没时间给花浇水，宝贝能不能帮妈妈给花浇浇水呀？"儿子一听，眼睛一亮开心地答道："好的。"说完跑着去给阳台上的两棵茉莉花浇水。之后，闫菲菲夸奖儿子真是能干，儿子自然十分的开心，并且还自告奋勇说："妈妈，以后给花浇水的事情，就让我来做吧。"

其实，男孩需要的不仅仅是父母的百般疼爱与呵护，更需要的是心灵的满足。就如例子中闫菲菲的儿子一样，他只是想要帮自己的妈妈做点事情，想要证明自己也是可以帮助妈妈做事情的，而这种成就感如果得不到满足，那么很可能会影响到孩子以后做事情的积极性和主动性。合格的家长，应该懂得怎样培养男孩勇敢积极的做事态度。而优秀的父母也并非是在孩子面前无所不能的人,而是能够适当示弱,满足孩子成就感的爸妈。

所以,爸爸妈妈们不要以为自己将所有的事情都给儿子安排妥当,他们就会开心,更不要认为孩子不喜欢做事情。每个孩子都需要成长,而在成长的过程中,最重要的恐怕就是让他们亲自去做一些力所能及的事情。所以说,这个时候爸爸妈妈们不妨假装自己做不了,恳求孩子帮自己做,这样不但能够满足他们内心小小的成就感,还能够培养他们的自信心。

教养的秘密

当孩子帮你做完事情以后,千万不要忘记夸奖孩子。

没有孩子不希望父母夸奖自己,当爸爸妈妈夸奖自己的时候,他们内心才会觉得自己所做的是正确的或者是值得的。所以说,爸爸妈妈们在让孩子做完一件事情后,千万不要吝啬自己的夸赞。

爸妈"狠"一点,赋予男孩自理能力

自理能力的培养是一个孩子从依赖到独立的过程,即孩子从依赖家长的帮助,到学习认知照顾自己的衣、食、住、行的历程。

　　孩子的自理能力是他们形成健全人格的基础，是他们顺利进入青年时期的前提，同时对他们今后的成人化和社会化都有着极为重要的影响。

　　对孩子来说，自理能力是踏出家庭保护网的第一步；对于男孩来说，自理能力是将来独自走天下的必备技能。

　　对于以上道理，每位家长都懂得，可是运用在实际生活中，却是另一回事。因为当今许多孩子是独生子女，父母对他们自幼宠爱，无论什么都一手替他们操办，造成了他们生活自理能力很差，对父母依赖性很强的通病。

　　袁振北已经是五年级的学生了，可是自己上学的"行囊"还要妈妈来整理。而且每天过的是饭来张口、衣来伸手的"幸福"生活。他从不洗碗筷，每次吃完饭的时候，总是把碗筷一放，该玩就玩去了；他的衣服从来都是妈妈洗，自己没有洗过一件，每次衣服脏了，就脱下来，交给妈妈"处理"。

　　原来，袁振北是家里的独苗，父母疼爱得不行，自从他来到这个世界，就成了父母的心肝宝贝。孩子小的时候，本来有自己的事情自己做的潜意识，但每当孩子自己想干一些活的时候，妈妈就说："你还小，大了再说。"

　　等到孩子大了的时候，妈妈却说："你的任务就是好好学习，不需要干这干那的。"久而久之，袁振北养成了什么事情都靠父母的习惯，以至于上学的用具还需要妈妈帮他整理。

　　直到有一天，学校组织学生们去野外生存训练，袁振北回家问妈妈怎么做时，妈妈才意识到孩子不能自理的严重性。

如今许多孩子生活在父母的溺爱中,很少能够自理。身为家长,应该从小就培养孩子的自理能力,这样在他们走出家门的时候,才能照顾好自己。

培养孩子的自理能力,应该让孩子从力所能及的小事做起。古语说得好:"合抱之木,生于毫末;九层之台,起于垒土。"只有让孩子从小事做起,锻炼自理能力,才能为日后独自闯社会铺就一条道路出来。

浙江有一名大学生,他的一天是这样度过的:

每天早上6点半,他就要起床给因身患尿毒症而丧失劳动能力和生活自理能力的妈妈烧好早饭,然后跑到学校上早自习,中午再从食堂带饭给妈妈。

上完一天的课,他就赶紧回到家里(校外的出租房),整理家务并清洗衣服。做好这一切后,他又回到学校里打扫食堂卫生——这是学院为他争取来的勤工俭学的岗位,每个月有50元的工资,每日三餐也可以全部免费。

在食堂吃饭的时候,他还把自己饭菜的一半分到另一个盒子里,这是带回家给妈妈吃的。接着,他匆匆忙忙地赶到教室上晚自习,这时离晚自习时间仅有两分钟。他利用晚自习时间做作业并温习一天的功课。

晚自习一结束,他就匆匆赶回出租房里,给母亲敷药、打针,一路上,他心里想着:妈妈肯定饿坏了……

晚上,他就和妈妈睡一张钢丝床,妈妈睡这头,他睡那头,要是妈妈不舒服,他就马上爬起来照顾妈妈。

这名学生名叫刘霆,当时的他仅有19岁,却已经担负起了家庭全部的重担,还要完成自己的学业。

他小的时候也曾有过一个幸福的家庭。爸爸是个职员,妈妈是缝纫师傅,家里经济状况在当地还算不错。但是父母没有因为家庭条件不错,就溺爱孩子,而是从小就让他做自己力所能及的事情,可以说是自己的事情自己做。

当他会自己吃第一口饭时,父母绝不再喂他一口;当他能够自己穿衣时,父母绝不再给他穿一次衣服;当他会自己洗衣服时,父母绝不给他洗一次衣服。

在这样的锻炼下,刘霆上小学三年级的时候,就已经是个小大人了。所有自己的事情,都能够完全自理。

三个人的幸福家庭,在刘霆上小学六年级的时候,因为母亲的尿毒症彻底改变了。治病耗尽了家中所有的积蓄,父亲不堪忍受而离家出走,殷实美满的三口之家顷刻变成母子相依为命。

从小就能够自理的刘霆,没有像父亲一样逃走,而是毅然挑起了求学、给母亲看病、养家的重担,直到现在,他毅然用瘦弱的肩膀为母亲撑起一片天。

刘霆之所以能够肩负起和他年龄段不相称的重任,就是因为他小时候学会了自理,培养出了自己独立生活养家的能力。如果把上文中的刘霆换成袁振北,那袁振北能否挑起生活的重担呢,结果是可想而知的。

许多家长怕孩子自己动手,吃饭慢了怕饿着,穿衣慢了怕冻着,自己走着怕累着,自己洗脸怕洗不干净;从而包办代替,这个不准动,那个不让摸。家长过多的限制和包办,无意中剥夺了孩子自己动手的机会。家长应该给孩子一个独立做事的空间，不要包揽孩子的一切。

吃自己的饭，流自己的汗，自己的事情自己办，靠人、靠天、靠祖上，不算是好汉。那么，我们为什么不让孩子自己的事情自己做呢？

教养的秘密

如何让孩子成为顶天立地的男人，让男孩将来能够支撑起人生，在人生中获取更多的收获，这是每个父母都应该思考和解决的问题。

其实，要想解决这个问题也很简单，那就是坚持一个原则——既给予孩子更多的机会做事情，也给予孩子更大的自由空间去成长。

到了什么年纪，就让他承担什么责任

责任感是人驱动自己一生勇往直前的动力，也是孩子成长中人格健全的重要因素之一。有责任感的男孩，会竭尽所能去完成该担负的责任，并在勇往直前中创造出奇迹。

布莱恩特从小就是个责任感非常强的孩子，他做事绝对不是根据自己的喜好，而是出于责任感。

布莱恩特出身于一个音乐世家，从小就受到了很好的音乐启蒙教育，非常喜欢音乐，期望自己的一生能够驰骋在音乐的广阔天地，但他却阴差阳错地考进了大学的工商管理系。

一向认真的他，尽管不喜欢这一专业，可还是学得格外刻苦，每学期各科成绩均是优异。毕业时被保送到美国麻省理工学院攻读当时许多学生可望而不可即的 MBA。后来，他又以优异的成绩拿到了经济管理专业的博士学位。

如今，他已是美国证券业界的风云人物，在被记者采访时依然心存遗憾地说："老实说，至今为止，我仍不喜欢自己所从事的工作。如果能够让我重新选择，我会毫不犹豫地选择音乐。但我知道那只能是一个美好的'假如'了，我只能把手头的工作做好……"

艾尔森博士直截了当地问他："既然你不喜欢你的专业，为何你学得那么棒？既然不喜欢眼下的工作，为何你又做得那么优秀？"

布莱恩特的眼里闪着自信，十分明确地回答："因为我在那个位置上，那里有我应尽的职责，我必须认真对待。不管喜欢不喜欢，那都是我自己必须面对的，都没有理由草草应付，必须尽心尽力，尽职尽责，那不仅是对工作负责，也是对自己负责。有责任感可以创造奇迹。"

布莱恩特的回答多好啊！正是因为拥有高度的责任感，许多杰出人士才在自己并非最喜欢和最理想的工作岗位上创造出了奇迹。

培养孩子的责任感要从小抓起，循序渐进。孩子还很小的时候，父母就要培养他们生活自理的能力，在他们成长的过程中，就要他们学习承担责任。

陈笑去少年宫排练节目，由于走时匆忙，忘了将排练时用的音乐盘拿上。陈笑发现后连忙给妈妈打电话，恳请妈妈快快把音乐盘送来，以免耽误了节目排练。

"不行！"妈妈说得斩钉截铁，"自己的事情自己负责！"

"时间来不及了，妈妈，求求你了！"陈笑急出了满身大汗。

"这事没商量！"妈妈说着，便挂断了电话。

其实，当时妈妈正在家里休息，她并不是没有时间送去，而是要儿子承担这个责任。陈笑只好跑步回家拿了音乐盘，又急匆匆赶回了少年宫。老师的批评、同学的斥责，使陈笑自责而内疚。

从那以后，陈笑每次出门，都要检查自己的东西是否带齐。更难得的是，陈笑明白了他不仅要对自己负责，还要对老师和同学的信任负责。

从那以后，他逐渐对自己的事、学校的事、家里的事都产生了责任心。

家长要想培养孩子的责任感，就要从小抓起，从孩子的自立抓起，根据孩子的年龄及能力赋予他们相应的责任。

例如：

上幼儿园的男孩要学会自己穿衣服、吃饭，帮妈妈拎购物袋；

七八岁的男孩要学会自己收拾房间，自己叠被子，整理、修补自己的玩具、图书，帮助摆放全家用的餐具，饭后扫地、倒垃圾，打扫楼道等。

不论是什么任务，父母都应该用孩子能理解的方式给孩子讲明，使他意识到自己有责任将它做好。

教养的秘密

父母相信孩子有管理自己的能力，孩子的自主意识和独立精神就会大大增强。

而在成功的体验中，孩子会获得更多的自信，从而更大胆地去承担责任。这种良性循环，有助于培养孩子良好的心理素质与独立行事的能力，有助于其责任心的形成和发展。

CHAPTER 01

男孩就要有能力：
提升男孩强者气息，奠定男孩成才的根基

　　养育的终极目的，是有一天你可以安心放手，让孩子在没有你的世界里，依然能够活出丰盛的自己。

　　让孩子离开你，还能拥有安身立命的能力，就是父母最大的成绩。

　　我们每一天的教养，都是为了孩子的那一天做准备。

男孩的英雄情结，请别人为毁灭

男孩常常会幻想自己是某个故事中的英雄，武功盖世，势不可当。尽管他们当下是那么的弱小，却总是渴望马上过一把当英雄的瘾，靠自己的能力保护身边的所有人。

尽管这个出发点是好的，可作为一个孩子，很多行为真的让大人无法理解。

他们常常会把家中的晾衣架当成自己替天行道的宝剑，本来是想在家里尽情幻想一番，却在不经意间打碎了放在桌子上的花瓶。

他们常常想学着电视里的情节英雄救美，却发现事实并没有沿着自己希望的方向发展，要么被老师以与同学打架闹不团结为理由进行一番严厉的批评，要么就是因为对方过于强大，一个屁墩摔到了一边。

总而言之，男孩的英雄情结常常会给家长带来各种各样的麻烦。

作为父母，平时工作很忙，压力很大，回家看到孩子拿衣架打碎的花瓶玻璃心中必然会升起一团怒火："在家不好好待着，没事儿拿衣架打花瓶玩儿干吗？我在外面拼命赚，你就在家里玩命摔，怎么养了你这么败家的小祸害……"

假如男孩因为英雄救美没成功，在班里受到批评请来家长,很多父母一时之间就会觉得很丢人:"上学不好好上,还没事和同学打架。老师要请家长,我还得一个劲儿地赔不是,要万一把人打坏了怎么办?"

其实,男孩生性好动是很正常的事情,假如一个男孩在童年时期没有闯过几次祸,那只能说明他在性格上绝对是比较孤僻的孩子,需要大人细致入微的帮助和引导。假如他们因为想做英雄而难以得到大人的理解,或是因为这个理想常常遭到他们的嘲笑和打击,时间一长内心就会产生一种自卑和失落,即便是以后遇到一些自己完全可以凭能力解决的事情,他们也会开始对自己产生怀疑,再也捡不起昔日的自信,这对于一个男孩未来的人生轨迹都会产生相当不利的影响。

欧阳宇曾经是一个活泼的男孩,可是最近家人却发现他总是闷闷不乐,只要一遇见事情就会不由自主地去逃避,倘若有人问他为什么不去做,他便抿着小嘴嘟囔说:"我没有他们优秀,做什么都做不好,干吗要去那里丢人?"

原来欧阳宇以前特别爱看动画片,那些动画片里的英雄形象总是会吸引他童真的目光,他时常幻想自己能跟他们一样,具有超凡的能力,三下两下就可以把敌人打得片甲不留。随着这种想法的加深,欧阳宇开始在辨不清自己究竟是身在虚幻中还是现实里。于是,只要他一看到自己认为可以行侠仗义的事情,不问青红皂白就要上去管一管。这一管不要紧,每一次欧阳宇出手以后都会让爸爸妈妈欲哭无泪,他们一面低着头去跟别人承认错误,一面心里一股火往上冒。尤其是欧阳宇的爸爸,每次都抑制不住心中的怒火,把欧阳宇拉到一边就是一顿训斥。

"你到底要干什么？今天把人家小朋友的脸抓破了，明天把人家阿姨的包划一大口子。你是不是没事吃饱了撑的啊？一天到晚不知道想什么呢？你跟我说这是怎么回事。"

"我是想做好事，小刚欺负女同学所以我就上去给了他一下子。至于阿姨的包，我不是成心的，我开始还以为她后面的那人要抢她的东西。"

"就算这样关你什么事啊，你以为你是谁啊？你上去人家没两下就把你收拾了，更何况人家根本不是那意思。本来两个人玩得好好的，你非得上去添乱，本来人家阿姨后面跟着一个人准备帮她拿东西，你非把人家包抢过来还给弄坏了。你是不是多此一举啊。"

"我只是想做一回英雄……"

"英雄？你这哪是英雄啊，狗熊都比你聪明。就你这样以后还能干出什么英雄的事啊，少给我们添点麻烦已经算万幸了……"

时间一长，欧阳宇心里似乎就对"英雄"这个词产生了阴影，觉得那是自己这辈子想都不应该想的角色。慢慢地，他开始少言寡语，丧失了自信，即便是有能力也不再会像往常一样积极表现，为自己争取了。

其实，男孩的心也很脆弱，家长即便当时对他行动所造成的结果大为不解，但也要尽可能地抑制自己的怒气，查明真相。尽可能地不要去打击孩子心中的那点英雄般的自信心。

相反，有些时候，爸爸妈妈们不妨给他们一个成就英雄梦想的机会。既要对他们的英雄情结予以肯定，又要指出他们行为上的错误，帮助他们树立正确的英雄观念。毕竟真正的英雄未必都会打打杀杀逞匹夫之勇,而是要依靠自己的智慧和执着进取的精神为别人谋得福利。倘若爸爸妈妈能够切实有效地为他们指明英雄之路的方向,相信男孩一定会慢慢远离闯祸行为,向着心目中真正的英雄目标努力前行了。

另外,爸爸妈妈在面对孩子爱闯祸的问题时,应尽量保持一种谦和的态度,帮助他们树立正确的英雄意识。这时候爸爸妈妈不妨结合生活中的一些小例子,告诉孩子如何才能成为真正的英雄,并不断指引他们向正确的方向努力。

教养的秘密

由于动画片中的英雄有一定的局限性,尽管在整个故事中孩子已经分清了谁是好人谁是坏人,但却往往很难帮助孩子指明如何才能行使正确的英雄行为。这时候,爸爸不妨给他们点出几个英雄榜样,以他们真实的人生经历为例,告诉孩子怎样做才真正算是英雄之举。

赶走畏缩怯懦,鼓励男孩带头去做

很多家长都会说:"老师说我家孩子总是表现得不够积极,不管是在运动的时候还是在做游戏的时候,都不敢积极地去表现自我。"其实,孩子的这种不敢表现自己的原因,是因为没有很强的带头意识,所以说家长们应该培养孩子积极的带头意识，让孩子明白只有自己积极地去表现自己，那么才能够让别人认可自己，从而喜欢自己。

其实，孩子的带头意识就是一种勇敢的体现，所以说家长们要培养孩子勇敢的意识，让孩子在做事情时，敢于打头阵。这并不是要让孩子出风头，而是要让孩子在适当的时候，表现自己的领导能力。

大多数小男孩都喜欢踢足球，说起足球明星的名字一字不落，说得头头是道，范宇楠小朋友就是足球迷，每到播足球比赛时他都特别的积极，提前把作业写完好去看球赛，不管多晚他都一点不落地看完，中间上厕所都是迅速解决，都痴迷到这种程度了。当然他的学习成绩很好，因为爸爸跟他说过，"一定要把作业认真写完之后才可以看，如果你不想做班级里的尾巴，那就必须好好学习，才可以让别人佩服你。"

范宇楠牢牢地记得爸爸的话，从小爸爸就告诉他想让别人尊敬自己，你就必须要尊敬别人，此外还要有能够领导他人的能力。范宇楠是学校足球队的队长，他不仅学习好，就连足球踢得也非常棒，有很多小男孩跟他交流足球经验。

然而就在前不久的一次足球比赛中，由于范宇楠的一点小失误，导致这场球赛输给了对方。范宇楠非常地不高兴，由于自己的失误使自己的队员失去了奖励，他觉得对不起队员们，回家后告诉了爸爸。爸爸不紧不慢地对范宇楠说："你看你带球过人的技术多棒啊，奔跑速度也很合适，只要再把射门练习一下就更好了。没事的，我儿子最棒了，打起精神继续。"范宇楠微笑着说："爸爸，你真好，我还以为你会批评我，说我很笨，连球都射不好。就是连累了队员们，觉得挺不好意思的，我应该向他们道歉。"爸爸满意地点点头。之后，爸爸还帮助范宇楠提高射门技术。

范宇楠认识到因自己的失误连累了队员，很有大将风范，并没有把责任推到队员身上，还跟他们道歉，是很不错的做法。当然，爸爸做得也很好，他看儿子输了比赛，并不是训斥他，而是悉心地开导，并告诉他还可以再提高一下，这对范宇楠是莫大的安慰。

我们作为家长，要鼓励孩子去打头阵，但是面对孩子的错误，只要给予分析指导就可以了，千万不要批评孩子。

而当孩子想要跟你诉说他的挫折时，一定要认真听，这样会使受伤的孩子在心灵上得到一丝安慰。孩子心情好了，事情就会变得简单，更利于他们去接受你的建议。当孩子在某一次带头做事情失败之后一定要学会去开导孩子，不要让孩子因为这一次的失败而灰心，更不要让孩子失去这种积极性。

教养的秘密

如果孩子总是不敢带头做事情，那么爸爸妈妈们不妨给孩子增加一些信心，鼓励孩子一下，让孩子勇气十足。

爸爸妈妈可以先把孩子做得很好的地方说一说，这样可以增加他的自信心，增强带头意识，然后再指出需要改进的地方，这样会更好。

爸爸妈妈肯委屈,男孩才有领导力

在男孩子心里,他们觉得爸爸妈妈跟自己一样,怎么爸爸妈妈就可以让自己做这个、做那个,有时还会训自己一顿,这有点不太公平吧!于是他们就会有点小小的野心,想领导一下爸爸妈妈。

作为家长,当看到自己的小孩有这种想法时,何不尝试着让他来领导领导你呢?体会一下被自己小孩领导的滋味,这样能了解他的一些想法,从而更进一步了解孩子的心理发展特征。

比如,你们要去超市购物时,可以让他在前,你推着购物车在后面跟着他,让他自己把想要的东西放进购物车,你只是作为给他推车的人,他在前面告诉你往哪边走。这么小小的一件事,就可以满足他的小野心。

又比如,当家长和孩子单独在一起的时候,可以转换一下身份,让孩子来当一回"领导"。两人可以玩互换角色的游戏,孩子当爸爸妈妈,爸爸妈妈当孩子。这样既满足了小孩子当领导的想法,又使家长与孩子之间的感情增进了,何乐而不为呢?

所以说,如果孩子想展现一下自己的领导力,父母就该适当地给予精神上的支持,或者行动上给些建议,千万不要剥夺孩子的小领导身份。在家中可以适当地让他实现自己的领导身份，这样不但可以满足孩子的精神需求，还可以满足一下他想要发挥领导作用的"小野心"。

当然，我们也不要盲目地去满足孩子的"小野心"。小孩的认知能力还是有欠缺的，他们不知道到底什么事情这样做是正确的、那样做了会不好，这时候就需要家长来给他们把握尺度了。你可以在被他领导之后，把你认为不合理的地方解释给自己的孩子听，把不好的和好的地方都讲出来，让他自己来选择，这样可以使他的"小野心"得以更好地发挥发展下去。

肖飞的妈妈特别注意肖飞领导能力的提升，她尽量让肖飞自己的事情自己做，自己能做主的事情自己做主，有时家里的一些小事情还让肖飞参与，多多发表自己的观点，对于正确的会给予肯定的态度。

肖飞已经是五年级的学生了，他学习成绩很好，也经常帮助成绩差的学生。肖飞的妈妈经常告诉他要虚心学习，不会的就要主动地询问，今天的事情必须今天做完，所以肖飞的能力才会这样好。

学校组织了一场简单的辩论赛，选手都是由学校学习成绩优秀的学生组成的，这些学生平均分成两组，有正方和反方。肖飞被分到了反方。各组经过详细的讨论，分出一辩、二辩等。这场辩论赛很激烈。肖飞更是竭尽所能地为本方作辩，还不厌其烦地跟队友说"一辩一会儿你要抓住对方辩词的弊端，二辩就针对他们的弊端辩论"等等，将辩论安排得井然有序。

但是，最后由于一点小失误，让对方赢得了胜利。他回到家就跟妈妈说："太失败了，怎么输了呢。我安排得那么好，还是让对方赢了,真是的。"妈妈不温不火地说:"我觉得挺好的,你看安排得多好啊。你是第一次参加辩论赛,下次会更好的,你要多多锻炼,多多增加自己的知识量。"

从那之后,肖飞就找各种书籍拿来读增加自己的知识量。他成了学校辩论小组的队长,队员们都认真听他的分配安排,他的小组取得胜利也越来越多。

从上面的例子中看出肖飞为以后的人生奠定了有利的基础,妈妈的谆谆教导更使肖飞信心百倍,也使他少走了不少的弯路。肖飞看轻对方实力,高估自己的能力,妈妈看到了这一点并没有训斥,而是说肖飞参加得少、经验不多,再加以锻炼就更好了。这就是很好的教育方法,既指出他的不足之处,又告诉了他应该怎样做,这是我们做家长的应该学习的地方。

教养的秘密

要想成为一个领导者,那么必然要有大局意识,不能够只是想到自己的利益。

爸爸妈妈要时刻记得培养孩子的大局意识,扩展孩子的大局思维,只有这样才能够让孩子明白做事情不能只是从自己的角度出发。当孩子明白了这一点的时候,他才可以去领导别人。

帮助你家男孩,摘掉"胆小鬼"的帽子

很多孩子都会出现恐惧的心理现象,很多情况下,父母都会认为孩子这种"恐惧"是胆小,怕生,会责备孩子不够坚强、大胆,甚至有些父母担心孩子的心理发展出现了异常。

准确地说,这种"胆小"表现其实是孩子的恐惧心理,它反而是孩子的心理在正常向前发展的结果!为什么这么说呢?首先我们要了解恐惧情绪产生的原因。

本质上来说,恐惧源于未知。因为孩子不知道究竟是怎么回事,可能会要发生什么,他处在一个未知的景象之中,这时,恐惧来得非常单纯和直接,即便此时此刻是安全的,也没受到任何外界人或物的攻击和干扰,单是对周围一切的未知,就会让孩子的思想在害怕。

胡云伟在学校附近碰见一个农村阿姨站在大树底下兜售布袋——一种长方形单面有图案的纯棉购物口袋,价钱相当便宜,只售一元。于是他一口气买了5个。

布袋拿回学校,同学们纷纷问他在哪捡到的宝,都跃跃欲试想要去买几个回来。不料一位细心的同学蓦然惊呼:"怎么上面有个'死'字!"定睛一看,布袋的图案四周原来还环着一圈外文,几个较长的单词不认识,字典里也没有,中间一个"die"却赫然触目惊心!再细看图案本身,几个简单而形状怪

异的色块拼凑在一起，谁也辨认不出那究竟是什么。

"我说这么便宜！""准是邪教的图腾！""巫婆！""咒语！"同学们大呼小叫。

胡云伟有点害怕了，接下来不管遇到什么倒霉的事情，同学都会怪胡云伟买来那个"不吉利的东西"，胡云伟的心里也很忐忑，生怕哪一天飞来横祸。直至一年后，外语专业的表哥来到家里，胡云伟心里的结才解开，"咒语"之谜水落石出：原来那句奇怪的外文其实是德语。"die"是德语中一个再普通不过的冠词，发音为"地"，用法相当于英语"the"，专用以修饰阴性名词，"咒语"全句的意思是"保护世界环境"。

恍然大悟之后回头再看那神秘的图案，原来竟是世界七大洲的板块！为了这个忐忑不安这么久，胡云伟自己都笑话自己太胆小了。

人之所以恐惧那么多，常是因为自己吓自己，是自己将自己圈禁在了幻想之中。孩子无法像成人一样区分幻想与现实的不同，当他们看见某种自己无法解释的现象时，可能会联想到另一件可怕的事情上，并且确信自己的联想为真。比如，听妈妈讲过狼外婆的故事后，就会对大灰狼感到恐惧，看到陌生人都会觉得是狼外婆。

孩子的恐惧往往就是出自此，因为世界上充满了他们不知道的事物，这些恐惧体验来自孩子的本能，比如，过大的声响天然会让孩子恐惧；陌生人的声音会让孩子畏缩不前。当孩子的能力不足以应对环境的需要，就会因为害怕失去掌控感而感到畏惧。

对于孩子来说，恐惧是他们成长过程中必然要体验的一种情绪,对成人来说,恐惧在一定程度上也是合理的,有时逃避也是必需的,为了安全和生存,人可以合理而必要地选择远离令自己感受到威胁的东西,但这个恐惧对象应该是明确而真实的。如果孩子长大以后,他的恐惧依然与这个世界没有真实联系,他不能意识到自己在害怕什么,也不大清楚自己逃避的目的地何在,那么他逃避的行为与保存生命的目的就会背道而驰,这就会给自己的身心健康带来危害。

那么,家长应该怎么来减轻孩子的恐惧心理,让他们正确面对恐惧呢?

注意!我们不要否认孩子的恐惧情绪。不管孩子恐惧的原因在大人看来多么幼稚,爸爸妈妈都不要若无其事一笑置之。这个时候孩子最需要的是爸爸妈妈的情感支持,所以,共情孩子的恐惧感受,告诉他们无论遇到多么可怕的事情,爸爸妈妈都会陪在他身边,这会让他们意识到自己并不孤单,从而增强对抗恐惧的信心和力量。

注意!我们不要嘲笑或斥责孩子的胆小。有些孩子怕见陌生人,不敢在人前讲话,父母就会当众指责他们懦弱;有些孩子害怕一些莫名其妙的东西,父母就会说他们胆小如鼠,是个"完蛋玩意",这样做的结果只会使孩子在恐惧中越陷越深。正确的做法应该是承认孩子害怕的现象确实存在,这样,孩子知道你了解他的恐惧,也就会相信你的劝慰、解释,才能够消除恐惧心理。

注意!我们要引导孩子将恐惧表达出来。有些孩子往往会否认自己害怕,这是孩子常用来对付恐惧的一种方式,但实际上,越是这样,孩子自己越是恐惧。爸爸妈妈应该让孩子说出恐惧的具体内容，让孩子解除心理上的羞耻感，并逐渐克服恐惧心理。比如，鼓励孩子用讲故事、绘画等活动，讲出或画出自己最害怕的东西，把内心的恐惧表达出来，宣泄出去，从而消除恐惧心理。

注意！我们要耐心鼓励孩子。爸爸妈妈应鼓励孩子参与一些能够消除恐惧的活动。爸爸妈妈要尊重孩子的感情，但不要试图采取强制手段使孩子放弃恐惧，否则不但鼓励了孩子的恐惧，而且还可能使孩子的恐惧感增强。另外，家长也不能轻视恐惧，不要借助嘲笑或奚落来改变孩子的畏惧态度，有时孩子在表面上可能不再抱怨了，但恐惧依旧有存在的可能。作为家长，应尽可能让孩子慢慢面对和克服恐惧，让孩子描述他的恐惧经历和情感。爸爸妈妈了解孩子越多，越能帮助孩子对付他的恐惧，如果孩子害怕黑暗，爸爸妈妈就要给孩子解释为什么会有黑暗，以及黑暗并不可怕的道理，或者带孩子走进黑暗的屋子里去开灯，然后说："你真勇敢呀，你已经进了黑屋子，你并没有害怕呀！"反复多次，孩子的恐惧就会逐渐消失。

我们需要认识到，孩子会产生恐惧情绪是正常的。但如果常常莫名地害怕，害怕的东西太多以至于影响生活，或者是持续时间很长，就会对孩子的自信心、竞争力、社交能力造成一定的影响。爸爸妈妈应该在理解和信任的角度上去了解最让孩子感到害怕的事情是什么，然后和孩子一起去认识这件事情的本质是什么，到底是怎么发生的。恐惧来源于未知，这句话孩子现在无法理解，但我们可以帮助孩子去亲身体验，如上网查资料、看图片、一起去找相关书籍、做实验……一起去亲身体验这种事情会不会伤害到我们，亲人的支持会让我们的孩子更有勇气去面对自己的害怕。

教养的秘密

男孩对每一种恐惧的克服，都是一次重要的成长。

在平时，在节假日，爸爸妈妈应该经常让孩子参加游戏互动，或带着他们去游乐场、公园等地玩耍，让他们产生愉快情感来克服恐惧心理，这种方法尤其对克服人际恐惧心理颇有效果。

在生活的细节里，提升男孩表达力

前人说："一言可以兴邦"，"三寸之舌，强于百万之师"。具备良好口才的孩子能与周围的人们快速沟通，与周围的同学朋友友好相处，能在某些场合很大方地推销自己。不然，再有料，再有感，也只能"茶壶里面煮饺子——有货倒不出"。

王旭鹏是个特别听父母话的孩子，可是，有一点，他就是不爱多说话。平时，做完作业，他就喜欢读书或者看电视，很少和父母交流、谈心。王旭鹏爸妈也是大忙人，不是很重视孩子这方面的表现。

一天，王旭鹏和爸爸妈妈一起看电视。爸爸和妈妈在讨论哪一个人物形象更好一些，在一旁坐着的王旭鹏却一言不发。

妈妈觉得每一个孩子看到动画人物可爱的样子，都会情不自禁地说上几句的，爸爸也意识到儿子实在是太文静了，家里几乎听不到他的声音，于是主动找他说话："鹏鹏，你喜欢哪一个呢？"

王旭鹏见爸爸问自己，想也没想就回答说："都差不多。"

妈妈接着说："我喜欢小熊猫。你觉得怎么样呢？"

王旭鹏说："嗯，可以。"

爸爸和妈妈无奈相视。妈妈又对他说："鹏鹏，你是男子汉，对任何事物都该有一个自己的喜好评价呀？每个人都是有头脑和思想的。你有什么想法，以后要跟爸爸妈妈说出来才行。"

后来，王旭鹏妈妈从老师、同学那里了解到，王旭鹏碰到说话、发言的事情就往后躲，上课从不举手，偶尔被老师提问到，他就会满脸通红、结结巴巴地说不出话来。

王旭鹏妈妈在妈妈群里讲这些事的时候，感觉真的很焦虑。

有人问她："孩子表达能力差，你们之前没有察觉吗？"

王旭鹏妈妈说，当时只是觉得孩子性格文静，也就没太在意，现在真的很后悔。

能够在别人面前把想法表达清楚，是一种十分重要的能力。流畅的语言表达能力可以准确地把自己的想法或情感传递给别人，让别人了解、理解自己。良好的口才对于孩子的发展非常重要，所以，早一点着手培养孩子说话方面的习惯，绝不是可有可无的事情。

不说也许你不知道，不善表达的孩子如果长期得不到正确的心理疏导，还会产生很严重的后果——不仅孩子容易诱发心理疾病，而且很多时候会导致孩子使用其他不恰当方式来替代语言表达，比如说，一言不合就动手打人，这种情况所带来的问题有时超乎我们的想象。

在王旭鹏妈妈请求大家出谋划策的时候，妈妈圈里的另一位年轻妈妈也诉说了自己的难过。

她家的孩子郭跃刚上小学一年级，班主任对他的评价是：说到班里脾气最坏的孩子，如果把郭跃排在第二，就没人排得上第一。

郭跃经常会动手打同学，郭跃妈可以说是老师办公室的常客，同学们也都不爱和郭跃一起玩耍。老师说，郭跃的语言表达和动作表达异于常人，别人都是先表达想法，再做动作，他常常是不说话，只做动作。比如他想和同学一起玩，他不会说出自己的想法，征得人家同意，而是走过去硬要加入进去。同学一旦表示反对，他马上就会打人。即使老师愿意听郭跃说出自己的理由，他也只是低着头一言不发。

郭跃妈很自责地说，这全都怪自己。

她和老公工作忙，就请了一个保姆来带郭跃，保姆是个40多岁的阿姨，不太会说普通话，郭跃很少与人有语言的交流，所以三四岁了还常用手势、动作、眼神和断断续续的词语来表达自己的情感和需要，只愿意与他人做各种不需要语言交流的游戏。指着什么就是要什么了，在幼儿园里就有轻微的攻击倾向，喜欢靠近别人，但总是动手伤人。话又说不清，小朋友们都不爱和他玩。

良好语言环境的缺失，会让孩子后天文化刺激不足又无实际说话经验，导致词汇量积累有限，语言记忆得不到强化。他们往往因而不善于表达自己的想法和情感，有的会像王旭鹏那样畏畏缩缩沉闷不语，有的会像郭跃那样，试图用行动和别人交往，当得不到想要的反馈时，只有用更大幅度的行动引起他人注意，于是一想和别人玩就像充满了攻击性。

郭跃妈说，她现在真的很担心，如果孩子纠正不过来，将来会形成严重社交障碍或是反社会人格。

其实，孩子的任何一个状态都牵动着父母的心。我们渴望为孩子做点什么，有时又担心做错了什么，总是在犹豫和焦虑中，错过了灌溉的最好时机。

不善表达的孩子，最需要爸妈给予更多的关心和帮助，才能避免他的"不善表达"愈发不可收拾。故一定要为孩子提供丰富的语言环境和良性刺激，让孩子多听、多说、扩展生活经验。

首先，我们要学会倾听，满足孩子说话的欲望。一般情况，孩子放学回到家里通常会把发生在自己身边有趣、稀奇的事情说给父母听，这时我们应认真倾听孩子的讲述，并要用一些神态、身体语言让孩子觉得我们听得很投入。如果当时正忙，也要态度温和地跟孩子商量："你看，妈妈正忙着呢！等会儿我坐下来仔细听，好吗？"因为孩子在讲话前总是一腔热情，这样一说，孩子就不会感觉很失望。

我们还要学会引导、激发孩子的欲望。一些性格内向的孩子常常喜欢独自一人玩，默默地做事，对待这样的孩子我们要千方百计地引导他说话，把他说的欲望给激发出来。我们可以经常问孩子一些问题，尽量避免问那些只需要孩子点头说"是"或摇头说"不是"，"有"或"没有"一类问题。可以问他一些学校里的情况，比如"老师是怎样夸奖你的？""班里和你最要好的同学都有谁？"

我们要学会指导、帮助孩子说正确的话。孩子说话时可能会出现用词不当、前言不搭后语等现象，我们在听的过程中，要随时帮助他选用正确的词汇，要求孩子有准备地搭配语言，让孩子把话讲完整，教孩子把想讲的话联系起来思考后再讲出来。长期下来，孩子语言的准确性就会不断提高。

我们要注意提高孩子的思辨能力。由于孩子的知识面较窄，接触外界的机会相对要少，辨别能力比较低，所以，他们说的话常会与客观事实不符。我们在听的过程中，应注意把握孩子的说话内容，并做出肯定，给予正确的判断。在我们与孩子共同的评析过程中，孩子思想的准确性、深刻性就会变得更好。

育儿是一场呕心沥血的陪伴，孩子点亮每一项新技能的同时，也是在考验父母们的毅力。学会了在细节上处处注意的父母，促成了不同的教育机缘，孩子也会在细节上还你满意。

教养的秘密

如果你的孩子不善表达，就不要总是问他"冷不冷、饿不饿"这样的问题，这很难锻炼他们的表达能力。

爸爸妈妈可以换一种方式，比如这样问："我们今天吃点什么呢？你有什么可以推荐给妈妈的吗？"让孩子主动跟父母交流，不仅可以强化他们的表达力，也有助于培养他们开朗的性格。

送给男孩勇闯天下的能力和勇气

生活中，一些孩子往往表现得非常胆怯，他们害怕挫折、害怕失败，害怕自己做决定，当众讲话，这种个性对孩子未来的发展是不利的。

可是一些父母总认为孩子就是这样，长大了就好了，不用硬性督促，也不用管。而教育学家告诉我们，这种想法是错误的，父母们应当多鼓励孩子，培养孩子敢作敢为的勇气，这样的孩子长大了，才能成为有成就的人。

一些父母老是抱怨自己的孩子太懦弱、太胆小，总是无法让人放心，其实这些父母们应当先检讨一下自己，是否自己给了孩子太多庇护，致使孩子缺少独立的勇气。

有一对夫妇，在他们41岁那年才生下了一个儿子，夫妻俩给孩子取名叫贝贝，爱若珍宝。

因为是老来得子，他们生怕孩子受到一点伤害，遇到一点风险，因此什么事都替孩子办得妥妥当当，从幼儿时就是如此，这个孩子就像温室里的花朵一样，经不起一点风吹雨打。

上高中了，这个孩子还完全不能为自己做主，遇到事情只会说："那你说怎么办啊！""我也不知道，我得问我爸爸妈妈！"后来这个孩子考到了外地的一所大学，他的父母很欣慰，因为他们年老了，身体又不好，大病小病不断，现在孩子上大学他们也就放心了！

可是，学校开学还不到一个月，儿子就跑了回来，颓丧地说自己不想上学了："人家一个个都那么出色，只有我什么也不行，什么都不懂，什么也不敢做！跟他们一比，我太软弱没用了！"

夫妻俩面面相觑，他们没想到自己的事事包办换来的竟然是这样的结果。

父母们应当鼓励孩子做一个勇敢的人，培养自强自立的勇气，这才是真正地为孩子着想，这才是真的爱孩子。

像这个故事中的这对夫妻一样一味地庇护孩子，使他们免受生活中的不顺利，对孩子来说是没有好处的。因为孩子最终必须靠自己的力量去生活，要靠自己的能力来获取他想要的东西，因此我们能给孩子的最宝贵的东西，不是无微不至的保护，而是敢作敢为的勇气。

在香港一家商场的玩具柜台前，站着一对父女。5岁的小女孩怯生生的拉住父亲的衣襟，恳求父亲再玩一会儿。其实，她并不是贪玩的孩子，她只是让柜台里漂亮的娃娃吸引住了，眼睛里全是想要得到的渴望。

父亲却故意装作看不出女儿的心思，他决定女儿不说出来她想要什么，他就不去主动买给她。他认为，女儿想要什么，应该有说出来的勇气，而不应畏畏缩缩。

小女孩在柜台前不肯离开，想说出要求，又怕父亲拒绝，一脸的忧郁。

终于忍不住了，小女孩用细若蚊蝇的声音说："爸爸，我……我想要一个娃娃。"

"什么？说话别吞吞吐吐，想买什么就大声说出来。"

"我要洋娃娃！"小女孩大声说。爸爸笑了，于是小女孩得到了那个洋娃娃。

从这件事中，小女孩也得到了一个经验，在以后的日子里，无论她对父母有什么要求，她都会直言不讳地提出来。

这父女俩，就是香港著名财经作家梁凤仪和她的父亲梁卓先生。

梁卓早年单枪匹马开创事业的经历，使他养成了敢说敢做的坚毅性格。他认为一个人要想成功，就不能唯唯诺诺、人云亦云，懦弱不言的人不但令人无法与他交流，也难以表现他自己的能力。

出于这样的考虑，梁卓在教育女儿梁凤仪时，首先就是培养女儿坚决、果断的性格。

在成长过程中，每当梁凤仪让父亲帮助出谋划策时，梁卓就说："你想做的事情，你自己决定。"父亲的坚定态度，使梁凤仪养成了一切都靠自己的习惯。

上大学时，梁凤仪表现非常突出，变得泼辣外向、敢作敢为。她写剧本，演戏剧，当电视主持人，都做得有板有眼。毕业后，她进入香港大公司新鸿基集团，照样无畏地打拼，最终成为最高层领导，在男人的霸业中，赢得了一席之地。

她回忆说："是父亲给了我闯荡江湖的'勇气'，是父亲培养了我果敢坚决的性格。"

日本教育家涛川荣太说："作为父母，必须去培养那种依靠自己的努力、自己的感觉、自己的兴趣来争取成功和幸福的人，从而要求自己必须成为刚毅、勇敢的人。为此，父母不要受限于常规，不要拘泥于社会既成的价值观，不要以他人的目光而要用自己的眼睛、自己的价值观，以自己的责任心、自己的感情，重新对待孩子。"

教养的秘密

与其给孩子他们所要的一切，还不如给孩子可以获得一切的勇气。

父母后退一步，让孩子们独立决定自己的事情，多鼓励、少呵护，你的孩子就会成为坚毅、勇敢的人。

别以过度保护，剥夺男孩冒险精神

男孩都有一点冒险精神，总喜欢做一些在大人看起来很"危险"的事，比如他们喜欢爬高，喜欢碰一些他们不认识、不了解的东西。这种行为常常会引起他们父母的忧虑，有的干脆对孩子的冒险行为大加训斥，结果慢慢地孩子们就再也不敢去冒险了。

然而教育学家告诉我们，不能因为有危险，家长就禁止孩子去做，这样会使孩子渐渐形成胆小懦弱的性格。而通过冒险取得成功，就会使孩子对自己的能力产生自信；就算失败，孩子也能从中学会如何应对挫折。因此，父母应鼓励孩子适当地去冒险。

一位年轻的母亲殷切地期望自己的孩子将来能够成才。

一天,她带着6岁的儿子找到一位著名的化学家,想了解这位大人物是如何踏上成才之路的。知道来意后,化学家没有向她历数自己的奋斗经历和成才经验,而是要求他们随他一起去实验室。来到实验室,化学家将一瓶黄绿色的溶液放在孩子面前。

孩子好奇地看着它,显得既兴奋又不知所措,过了一会儿,终于试探性地将手伸向瓶子。这时,他的背后传来了一声急切的呵斥:"危险!快放下!"母亲快步走到孩子旁边,孩子吓得赶忙缩回了手。

化学家哈哈笑了起来,对孩子的母亲说:"我已经回答你刚才的问题了。"母亲疑惑地望了望化学家。化学家漫不经心地将自己的手放入溶液里,笑着说:"其实这不过是一杯染过色的水而已。你的一声呵斥出自本能,但也呵斥走了一个天才。"

要锻炼男孩的勇气,其实也是对父母自身勇气的一个考验,他们往往对孩子的安全过于忧虑,为防止万一发生危险,而宁愿牺牲孩子锻炼的机会,就像这位母亲做的一样。然而,这样做事实上是很自私的。父母更多的是为了保护自己的孩子不受万一可能发生的危险的伤害,害怕自己不能承受由此而来的打击,所以为求保险而加倍保护,造成孩子缺乏勇气的弱点。我们需要克服这种自私,为孩子的将来着想,大胆鼓励他们去做力所能及的事情,做一个勇敢的孩子。不要轻率地否定孩子要想试一试自己能力的努力,不要说"不行,太危险了"之类的话。

一位儿童心理学家说："人应该有探索，有追求。而这些都要从培养独立性和主动性做起。""初生牛犊不怕虎"，孩子本来是无所畏惧的，他们喜欢冒险，积极探索的精神就是从这里产生的。

西方幼儿教育很注意让孩子们在各种冒险活动中去体验成功的滋味，锻炼勇气和信心。比如在看马戏时，让一头身挂很多玩具的牛，在舞台上来回走动。主持人宣布，愿意上台摘玩具的孩子，只要把玩具拿到手便归自己，另外再发奖品。孩子们都踊跃上台，而在座的家长却没有人会加以阻止。如果孩子在拿取牛身上的玩具时表现得很勇敢很机灵，便会博得全场一阵阵热烈的掌声。孩子们在克服重重困难中增强了勇气和信心。这种积极进取、不畏艰险的精神，是由既放心又放手的勇敢的家长培养出来的。

当然，也有些孩子过于胆怯，回避所有的冒险情境。如果是这样，父母就有必要跟孩子谈谈他们所回避的情境，鼓励孩子去冒险，因为在这些情境中的冒险体验有助于他们勇气与身体的发展。

这类情境可以是课堂上孩子不愿举手回答问题；也可以是体育课上不愿尝试做动作等。一旦发现孩子有这种倾向，你可以以朋友的身份和孩子就以下方面进行讨论：可能有的风险、可能的后果以及享受好处的方式和应对坏处的办法。你可以这样问孩子：

"你认为最糟糕的情况会怎样呢？"

"为什么不尝试一下，看看做得好或不好，你分别会有什么感受？"

引导孩子说出回避风险的感受会让他明白，他们之所以错过有趣的事情，是因为胆怯而不是不感兴趣。而且通常孩子一旦说出了自己的恐惧，那么他们对自己承担风险、处理后果的能力也会更为自信。

有一个6岁的孩子住在学校附近，但从家到学校要走15分钟，一路上有三个红绿灯，横过两条马路，在开学的第一个星期里，每天都是妈妈接他上学放学，可就在第二个星期一，妈妈却决定让他一个人去上学。孩子感到害怕，不停地说："妈妈送我去！"但妈妈却温和而坚定地拒绝了他："孩子，过去的一个星期里，妈妈已经告诉过你怎样等绿灯，怎样横过马路，怎样安全地到达学校，现在该是你去试试的时候了。"孩子走了，他规规矩矩地按照妈妈的嘱咐过马路等绿灯，看到学校的大门时，他高兴地跳了起来，看到其他被父母牵领着的孩子，小男孩更觉得自豪了：他是一个人走来的。然而他却不知道，他的妈妈一直在不远处跟着他，一路上妈妈的害怕要比他多十倍，直到看见他走进学校才松了口气。

这位母亲确实冒了险，不过当可能的收益大于可能的损失时，这种风险就是合理的风险。在这个故事中，孩子虽然冒了独自上路的风险，但却获得了宝贵的收益：独自闯荡的勇气。

当然在冒险之前，父母必须教会孩子先做好各种考虑，要让他们知道只有事先考虑好了各种情况，到时才不会出问题。

而对于易冲动的孩子，父母则可以通过对话帮助他们学会对所冒的风险做出考虑，而后再让他们去冒险就能使他们从中受益。如果冒险十分危险，你就应该坚决反对他们去冒险。但如果危险较小，可以控制的话，你就可以根据上述的问题让孩子在决定做某事之前，先考虑其中涉及的危险。一旦养成了事先思考的习惯，孩子自己就能去区别鲁莽的冒险与合理的冒险。

教养的秘密

以安全为名的过度保护，已经将独立、冒险和探索精神从孩子们的童年中剥离。

现在，请你放手让孩子自己去冒险吧！

我们本事再大，也不是孩子的！要让孩子在未来更好地存活下去，就必须让他经受一些"惊险"历练，磨炼他的意志，培养他的独立。而我们要做的，就是为他们准备好防护措施。

男孩的组织力，来自父母的贴心鼓励

孩子也有虚荣心，在很多时候，他们希望爸爸妈妈能够给他们足够的权力，让他们按照自己的意愿去做事情。孩子不希望完全被爸爸妈妈控制，他们也需要自由，让自己的思想自由地发挥，这无疑是孩子内心向往的。

家长们不可能为孩子铺平一切的道路，既然是这样，那么我们不妨培养孩子的自我意识，也就是领导自己的能力。扼杀孩子的思想，操控孩子，不如让孩子自己完善自己的思想，在孩子按照自己意愿发展的同时，家长们可以给予指导，但是千万不要完全取代孩子的思想,这样对孩子的成长并不是帮助,而是一种间接的摧残。

现在的学校教育也很注重孩子领导能力的锻炼,在一些学校里,为了加强学生的自理能力,学校会开设一些带有发挥型的课程,让学生自己来动手组织进行。在家可以让孩子组织一次家庭小聚会或者自己的生日宴会等都可以。下面我们来看看张劲松小朋友的生日宴吧。

张劲松是一个特别有主见的小男孩,也是集爸爸、妈妈、爷爷、奶奶宠爱于一身的幸福小宠儿。他每年的生日宴都是由他爸爸一手策划的,但是他7岁的生日是最特别的一个生日宴。这次的生日宴完全由张劲松小朋友自己来组织,爸爸放手不管了。

张劲松有条不紊地将需要的东西、要邀请的小朋友的名单一一写在一张白纸上,拿去让爸爸看了看,并对爸爸说:"爸爸,你帮我把邀请函写一下吧。我一会儿给他们送去,咱们两个一起写还快些。"父子俩一起写邀请函,不一会儿就写完了。张劲松将写好的邀请函亲自送到小朋友家。

在回家的路上,他就想:"是不是该有些小节目啊,这样才好玩,更有意思,大家也可以放松些,只是吃吃饭菜有点太无聊了。"于是他快步跑回家,走到书房问爸爸:"爸爸,我是不是该准备几个小节目给小朋友看啊?"

爸爸想了想,说道:"不错,这是个很好的主意,小朋友既吃得饱,又可以玩得好,不错,我儿子真聪明!"然后张劲松自己去写节目单:第一个节目,自己唱《世上只有妈妈好》,感谢妈妈;第二个节目,远远小朋友的诗歌朗诵;第三个节目,是大家一起参与的一个小游戏;最后一起唱生日歌。

小朋友们都按时来给张劲松过生日,爸爸拿来水果和糖果给他们吃,妈妈准备着饭菜。大约晚上7点钟,小伙伴们都到齐了,张劲松开始自己主持小晚会,节目一一进行。晚会上,小朋友们都积极参与游戏,大家都玩得不亦乐乎,休息片刻后,吃了生日蛋糕、一些饭菜后,将自己准备的小礼物送给张劲松。又待了会儿,大家就各自回家了,同时感谢张劲松的邀请。

这次宴会中,张劲松的爸爸一直在旁边静静地看着儿子准备的这场宴会,心里别提多高兴了,越来越觉得自己的儿子真是长大了,并跟儿子说:"你真棒,爸爸以你为荣!"

这次的宴会张劲松不仅发挥了自己的领导作用,而且还得到了爸爸的认可和鼓励,同时还加深了与小朋友间的友谊,这对他以后的成长是非常有利的。

张劲松的爸爸做得就很好,他完全放手让孩子自己去组织、去想办法,既是对他的一次考验,同时也是一种积累经验的过程。

我们应该向这位父亲学习,多多提供机会给孩子来实践。多找机会让他们自己去体验,这样得来的结果他们才能记得牢,而且自己亲身经历的才更真实。爸爸妈妈要给孩子机会,让孩子发挥自己的思想,这样孩子的思想才会更加活跃。

同时我们应该积极配合孩子的安排,尽量参与到孩子组织的活动中,这样才能更准确地掌握他们的心理发展特点。对于孩子安排的任务,如果不是特别的离谱,就要答应并且认真地去执行,这是对孩子的一种支持。

这个时候爸爸妈妈不妨当一次"小士兵",让孩子好好地领导一下自己,按照孩子的安排去做事情,让孩子有一种成就感,这样更利于开发孩子的思想,完善孩子的自我意识。

教养的秘密

父母对孩子组织的活动要多多鼓励,要批评也要用婉转些的语言进行评论,切勿用带有讽刺的言语,多给他们留点面子。

要知道人都是要面子的,孩子也不例外。即便孩子做错了,家长们也不要过多地去批评孩子,要和孩子好好分析,让孩子知道自己错在哪里,这样才能够让孩子感受到自己的进步。

放手,让孩子自己学会处理人际关系

张天驹今年13岁,一个很优秀的小男孩,学习成绩优异,性格开朗大方,为人真诚热情,深受老师和同学们的喜爱,也是爸爸妈妈心中的小骄傲。

今年暑假,张天驹参加了一个夏令营活动,进营没多久就被辅导员"钦定"为自己的小助手。对于儿子出色的自理和社交能力,父母也是沾沾自喜,那种小自豪溢于言表。

有一天,张天驹妈妈突然接到孩子电话,感觉孩子情绪很差,难道他在夏令营里出事了?

"天驹,告诉妈妈你怎么了?有人欺负你吗?"

"妈妈,我们原来的辅导员生病休假了,新来的辅导员……"

"他怎么你了?!"

"今天早晨我没有在规定时间内将全部队员召集到用餐处,他当着所有人的面训了我,真的特别尴尬,我都不知道以后怎么做大家的组织工作了。"

孩子的声音充满委屈,妈妈心中痛楚不已:"你只是义务性地做辅导员助手,他不应该这样苛责你,你放心,妈妈会给夏令营负责人打电话,让他跟你们的辅导员好好谈谈。如果还是不开心,就别做这个助手了,多一事不如少一事。"

张天驹妈妈认为,她替孩子"伸张了正义",非常解气。

而事实上,这样不可以!

客观地说,妈妈心疼儿子,确实是人之常情,而且不无道理。

根据母亲对孩子的了解,张天驹应该是个很靠谱的助手,他没能按时召集队员,想必也是事出有因。辅导员不由分说不分青红皂白,当众批评孩子,没有考虑孩子的心理感受,并且使孩子在小伙伴面前威信丧失,这一点非常欠考虑。

但是,妈妈在孩子面前这样指责辅导员,会使孩子心中的委屈大过理性,他便不会再客观检视自己有无过错,却会将心中对于辅导员的怨愤进一步扩大,这非常不利于孩子正确处理二人之间的工作关系。

再者,孩子所诉说的委屈,毕竟只是一面之词,母亲在没有详细了解前因后果的情况下,就主观发表护短意见,这是非常不妥的。更不妥的是,妈妈当着儿子的面表示,要亲自去找夏令营负责人交涉这件事,那么孩子日后在处理人际矛盾时,是不是会不管自己对错，都倚仗父母出面解决呢？

孩子如何处理人际关系，应尽量交给孩子来处理，父母尽量不要介入其中，剥夺孩子学习和成长的机会。

当然，当孩子向我们倾诉委屈时，我们也不能置之不理，更不能为了刻意不护短，不由分说先批评孩子——"都是你的错！"这对孩子不公平，也不合理。比如，孩子由于辅导员的粗暴、老师的偏心、邻居的闲话等等，而和他们发生争执，如果父母不替自己的孩子合理辩护，反而一味替这些人说好话、找理由，孩子能服气吗？他能不伤心吗？

当孩子感到委屈，情绪低落时，父母应该及时给予合适的安慰："孩子，你的心情我能够理解，你一定觉得很难过，你可以跟妈妈（爸爸）开诚布公地说一说，但愿我们的谈话可以让你心情变好一些。"

然后我们要做的是，帮孩子剖析一下整个事件的前因后果，让孩子客观确认一下，矛盾的发生自己有没有责任："新辅导员是个男生，可能直率了一些，不注重与人谈话的方式。但你没有做好工作任务，也应该适当审视一下自己的不足，努力弥补缺点让自己变得更加优秀。另外，学会与各种各样的人相识相处，处理人与人之间的各种问题，也是你参加夏令营的学习任务之一，如果你能够自己想出办法处理好你和辅导员的关系，对你来说将是一个非常了不起的成长，你觉得呢？"

这样做，我们既可以避免越俎代庖替孩子处理问题，给孩子留下思考和成长的空间，又能为孩子的学习和成长提供一些切合实际的指导和帮助，这才是教育该有的样子。

张天驹妈妈在和儿子的对话中，另一个比较严重的错误，就是提议孩子不开心可以"辞职"。这是明晃晃地怂恿孩子逃避责任，躲避困难。一个人，如果遇到困难或者对人际关系不满，一言不合就撂挑子，置责任于不顾，他怎么可能脱颖而出呢？这样做也不会得到别人的尊重。

社会说到底是复杂的，我们必须给孩子提供各种各样的机会，让他们学习各种各样的方法去应付它，而不是以我们的护犊之情将他们与有点残酷的现实隔离开。孩子与社会联通的最关键一点，就是学会与各种人事打交道，我们需要做的，是帮助孩子根据自己的意愿建立良好的人际关系，绝不是用我们的希望来操纵孩子的现实。

父母过多介入孩子的成长，一定会极大地限制孩子生存能力的培养，让他不能自主判断事物，失去较好的成长机会。具体到社交来说，父母应该给孩子必要的社交权，让他们在一定程度上自己去判断善恶，自己去把控好坏，而我们要做的则是，在大方向上把好关，合理地给孩子提供建议，尽量让孩子自主去选择。

教养的秘密

做父母，我们应该在孩子年幼时给予充分的亲密，又要在孩子长大后学会得体的退出，照顾和分离都是父母在孩子身上必须完成的任务。

做父母，是一场心胸和智慧的远行。我们既不能使孩子感到童年贫瘠，又不能让孩子觉得成年窒息。

小男孩的矛盾，让他们自己去解决

一天放学，很多小朋友都想在学校中多玩一会儿，来接孩子的父母只好等在旁边。这时，突然从滑梯上传来吵闹声，原来是两个孩子闹别扭了。

"我要先滑！"

"应该我先滑！"

只见两个人嘴里一边嚷着，一边互相推来推去，互不相让。

圆脸男孩虽然长得矮小，却一点不弱，一把将瘦高男孩推到了旁边，自己先向下滑去。

瘦高男孩也不示弱，紧跟着滑了下来，在圆脸男孩还没有站起来之前，撞了上去。这一撞把圆脸男孩一下就撞到了地上，圆脸男孩哭着从地上爬起来，迅速冲向瘦高男孩。两个孩子扭打在了一块儿。

圆脸男孩的妈妈看到此情此景，一团火顿时从心中升起，冲过去一把将瘦高男孩拉开，凶狠狠地对瘦高男孩说："你这孩子怎么这样没教养！把别人撞倒了不说，还要打人。真是的！"

瘦高男孩看见大人显然吓坏了，怯生生地回答说："是他先推我的。"

"你这孩子，小小年纪，打了人还要狡辩。怎么了得！"圆脸男孩的妈妈絮叨着。

瘦高男孩的妈妈突然看见自己孩子正在被一个大人数落，心里很不是滋味，气愤地冲圆脸男孩妈妈喊道："你这么大个人了，怎么跟小孩子一般见识，冲他嚷什么呀！"

"你眼睛长到哪里去了？没看见是你的孩子在打人吗？"圆脸男孩的妈妈横眉冷对。

"那又怎么样？怕被人打就不要让他出门啊！没素质！"瘦高男孩的妈妈也不甘示弱。

就这样，为了孩子间的一点小打小闹，两个大人却在那里吵得天翻地覆，最后竟然还你推我揉动起手来。把两个孩子吓得呆呆地站在一边，不知怎么办才好。

孩子间的矛盾冲突，是孩童之间经常发生的"小事"。在这些"小事"上都"不能吃亏"的人，长大一定是不幸福的。处处争强好胜咄咄逼人的人，人缘一定好不了。

所以，奉劝诸位家长一句，不要给孩子灌输不能吃亏的观念，更不要参与到孩子的冲突中来。

其实小孩子在一起，发生矛盾再正常不过，矛盾和冲突也是孩子提升人际交往能力的一种需要，孩子每解决一次矛盾，对他来说都是一次学习，孩子在这个过程中才能慢慢学会正确处理与小伙伴的关系。

家长替孩子"出头"，实际上是压制了孩子的成长。

孩子一发生矛盾，父母就立即帮忙，只会让孩子失去自己解决矛盾的能力。

事实上，如果你不出手，孩子是有能力自己解决矛盾的。

有一次，在小区里看到两个孩子在争执。

"我做警察，你做小偷！"

"凭什么！你长得更像小偷！"两个孩子谁也不服谁，争得面红耳赤。

争着争着，突然有一个男孩说："要不咱俩石头剪刀布吧，谁输了谁做小偷？"

眼看着要动手的两个男孩瞬间达成共识，然后他们玩起了石头剪刀布，忘记了警察抓小偷。呃……

你看，孩子有自己解决矛盾的方式和方法，如果你不插手，孩子自己解决起来往往效果更好，也更有利于他们的成长。

孩子毕竟是孩子，他们可以前一秒还脸红脖子粗互不相让，下一秒就能嘻嘻哈哈一起玩耍，而如果家长参与其中，他们反而可能没那么快和好如初。

所以，对于一般性冲突，我们根本无须过分干预。

在这里给大家划个线：不需要我们干预的矛盾，即那些不会引发严重后果的冲突。

这种矛盾一般发生在年龄较小的孩子之间。比如两个孩子抢玩具，只要没打起来，谁抢到就让谁先玩儿，家长不要干预。

孩子的矛盾一般发生很快，消解也很快，很快就会忘记，很快就会又玩在一起。吃亏的孩子会总结自己的想法和做法，会采取其他方式跟同一个小朋友相处，争夺玩具。这次他吃亏，下次可能就会不吃亏。双方都会总结经验教训，都会调整自己的方式，这其实就是孩子在培养学习社交能力和方式。

事实上，你不可能让孩子永远处于自己的保护之下，孩子总得独立面对冲突和矛盾。自己从矛盾冲突中掌握处理方法，培养处理能力，这才是最关键的。

所以：

第一，以一颗平常心来对待孩子之间的冲突。孩子之间很容易起摩擦，这不值得大惊小怪。父母不要对此斤斤计较，这样更有助于孩子间的友谊，促进彼此的了解，从而使孩子相互成为好朋友。如果问题比较严重，父母也只宜采取劝阻的方法，不要去添油加醋，促使矛盾的进一步恶化。最好能将自己的孩子带走，对他进行安抚及引导。

第二，正确平息孩子的情绪。小孩子在被人欺负后心里会很不舒服，就想立即讨回自己的不公，进而转化为动手。这是孩子的一种自卫心理，大人要让孩子树立自我保护的意识，但却要教育孩子不能动手打人，更不可主动去攻击别人。

发生这种事情，不妨将自己的孩子拉开，问问他的感受或替他说出感受，让孩子明白父母是知道他的感受的。接着对孩子做正确的引导，比如你可以说："他撞了你，你很疼，那你打了他，他不也同样会很疼吗？"孩子从中找到平衡，很快就会将一切丢到脑后，愉快地玩耍了。

第三，让孩子意识到自己的错误。如果孩子在矛盾中有错在先，就算是无意的，也应该让他知道自己做错了，并引导孩子学会主动道歉。

我们可以对孩子这样说："我知道不是你先挑起的矛盾，可是后来你先打了人家，这就是你的不对。去跟小朋友道歉，好吗？做好朋友不是更好吗？"这样耐心地说服，孩子是很容易接受建议的。

第四，千万不可纵容和压制。在处理孩子与孩子间的矛盾时，父母一定要注意方法，过于疼爱和过于严厉都是不可取的。

因为对孩子的迁就与疼爱而去替他撑腰，很容易助长孩子的攻击性，使孩子养成欺负弱小的习惯。

而对孩子太严厉也不能收到很好的效果。因为，孩子也有自己的感受，如果他得不到发泄，很容易造成心理扭曲，这样不仅伤害他们的自尊心，还让孩子没有自我保护的意识，从而变得胆小懦弱，并损害他的人格，导致他遇事不能自己处理。

所以，父母们一定要注意把握一个度，让孩子的生理与心理都能健康地成长。

教养的秘密

冲突，在孩子的世界里可谓屡见不鲜。

孩子年龄虽小，但他们也有一定的是非判断力，遇到"冲突"时，我们可引导孩子采取协调的办法，放手让孩子自己来面对和处理问题，同时，多给他们一些鼓励和建议，从中加以引导，让孩子学会站在别人的角度考虑问题，通过相互协调，从而达到"双赢"的目的。

CHAPTER 08

男孩可以爱学习：
破解男孩厌学心理，淘小子也出好成绩

孩子厌学，多是被父母彻底毁掉了学习兴趣。

治学的过程是这样的：

因为有了兴趣，所以对某件事物更加努力学习，更加有目标去学习，甚至为学习做出很多牺牲，于是才有了后来的成功。

被逼学习的男孩，后来怎么样了

生活中，有些父母自己觉得是对孩子有益的，就会要求孩子去学习，孩子不愿意，非打即骂，他们一心认为这是为了孩子好。然而，不顾孩子身心发育的特点，不考虑对孩子成长可能产生的负面效应而任意施压，只能说明做家长的无能、无知、无情。

一个小学生，只有 8 岁，爸爸要他学钢琴。每天下午放学，就必须先练一个小时钢琴，然后做功课。星期天更是忙得上午上补习班，下午还要上教师家里学琴。

孩子对弹琴没有兴趣，他看见钢琴就厌恶，他几次想把钢琴毁掉，几次反抗："我不弹，我不要学。你打死我，我也弹不好！"

但爸爸却不顾孩子的兴趣与反抗，一定要孩子学："已经学了两年了，花了这么多钱？你应该争气，把琴学好！今后每天不弹熟练习曲，就不许出去玩儿！"

孩子无奈，为了断掉爸爸要他学琴的念头，有一天在放学回家时，他用石头砸断了自己的一根手指。

孩子没有兴趣，没有学习的要求，父母只是管束、训斥和强迫，孩子是不可能学好的。而且时间长了，孩子还会滋生反感、厌恶情绪，以致消极对抗。这样的事我们见过和听过的都很多。那就是：你一定要我画，我就乱画；父母一来检查，画的都是圆圈圈，字写得东倒西歪……这还是好的，老实的。

孩子是需要从小培养的，儿童的智力也应该从幼儿时开始启发，但起码应该先从培养儿童的兴趣着手，而兴趣又是因人而异，绝不能由父母来主观决定或强加在孩子的身上。在幼儿时期，父母可以鼓励孩子们学习和接触各种事物——画画、写字、弹琴、跳舞、武术等等，启发孩子的兴趣，让他们自己产生学习的要求。只有当孩子们愿意学习时，他们才能把坐在桌前画画、写字、坐在琴前弹琴当作一乐事，一两小时还嫌少，他们的学习也才会进步。

对于成长中的孩子而言，重要的并不是比别人多学一门技艺或是为其请一位出色的家庭教师，他们需要的是一种舒适、安稳的心理状态。虽然这或许会令爸爸妈妈们感到不可置信，但它的确会对孩子的智力发育及生活习惯产生极其重要的影响。

反之，没有自觉的要求，即使可以强迫一个时期，也不可能持久。这是因为一个人不论做什么事情和学习什么东西，只有当他把自己的身心都投入那件事情上时，才能做好或学好。

有些父母必须改一改之前的做法了，不要再一味强迫孩子学习，因为你越强迫，他越不好好学。

我们应该首先了解孩子对于什么事物感兴趣，最好带他进入相关领域体验一番，从而自然引导孩子对学习产生动力及关注度。

教养的秘密

所有的学习，到最后都会变成自学。

想要孩子有自学的动力，就不应一味地要求他按照你的意愿学习，否则他对学习只会反感和抵触，就算眼前屈服于父母的"淫威",总有一天他也会爆发。

我们不要提前把孩子的学习热情透支完,引导他们对学习产生兴趣才是关键。

你的紧张,恰是孩子学习的硬伤

很多孩子都存在学习拖延的现象,这个问题,固然跟孩子的惰性有一定关系,但家长们应该看到更深层次的原因:孩子厌学。你可以想象一下,如果你让孩子出去玩耍或者上网玩游戏,他还会拖延不去做吗?一般情况下,孩子心里产生了抵触情绪,他们才会拖延。那么,孩子为什么会产生抵触情绪呢?这与我们的家庭教育存在莫大关系。

有个男孩,脑子比较活泛,理解能力也强,也有上进心,但学习成绩却一直不令人满意。因为这个,孩子的父母一提起学习这档事就唉声叹气,可怜天下父母心啊。

为了能让孩子上重点小学,两口子省吃俭用按揭买了学区房。从孩子上一年级起,爸爸妈妈就给他报了好几个辅导班,还买来各种教辅习题册,在孩子写完作业以后,父母会要求他继续做课外题。每天复习哪些内容,复习到什么范围都由他们说了算。

尽管爸爸妈妈下了这么大的力气,可孩子的成绩却让他们大失所望。父母一口气能说出孩子一大堆在学习上的不是:上课经常溜号,写作业磨磨蹭蹭,老师判的错题不及时改正,最要命的是错题改过后又一错再错。

自己的全力付出却换来这样的结果,父母自然着急上火,斥责甚至打骂也就接踵而至了。孩子呢,也是委屈得不得了,自己学习挺努力的,可成绩就是上不去,后来索性就不积极了,他说:"我学习是为我爸爸妈妈学的,每当我看到我爸爸妈妈为我学习着急生气,我心里就难过,越难过我就越学不好,后来,我就不想学了。"

据专家研究,孩子厌学的心理障碍有90%是由家庭或学校老师采取强制性的教育方法所致。就我国当前的教育状况而言,学生的课业负担普遍很重,这种情况下家长再给他们施压,要求他们不停地学,就算是好学生也会产生厌学情绪。可以说,孩子学习拖沓,就是对学业高压的一种无声抵抗。所以如果你发现孩子在学习上开始拖延,那么基本上说明他已经产生了厌学情绪。

有专家把当前孩子的学习状况分成三种状态:第一种是痛苦学习状态;第二种是麻木学习状态;第三种是快乐自信学习的状态,即孩子自觉、自愿学习的状态。

对于拖延学习的孩子来说,第一和第二种他们兼而有之。孩子拖延学习的种种表现说明:他正确的学习动机是缺失的;学习责任感不足、学习兴趣是衰减的。简而言之,孩子学习缺乏主动性、自觉性,缺乏学习的热情和内动力。

认清这一点,爸爸妈妈就要改改教育方式了,不要总是"催、催、催","骂骂骂"。试想,本来孩子在学习上就有情绪了,爸爸妈妈还使劲催促,不断指责,孩子心里憋的那股劲就别提了，轻则无声抗拒，爸妈催着，自己耗着，家长用心良苦，结果事与愿违；重则越发叛逆，亲子关系破裂。

其实对于学习拖延的孩子来说，让他们舒心学习远强于给他们压力。给爸爸妈妈们提几点建议：

1. 根据孩子的认知水平和学习特点制定合理的目标和要求。

2. 合理安排孩子的学习生活，不要过多挤占孩子休息和玩的时间。

3. 不要过多参与孩子的学习过程，要培养孩子自主学习能力。

4. 千方百计让孩子多体验学习带来的成功与快乐，增强孩子的学习自信心。

5. 如果孩子在学习的过程中出现问题和困难，爸爸妈妈要不急不躁，和孩子一起分析问题的原因，鼓励孩子勇于改正，跨越困难。

总而言之，如果父母能够学会运用科学的教子理念和方法，孩子学习的主动性和自觉性就会慢慢找回来，孩子就会进入快乐自信学习的状态。

教养的秘密

父母期望值过高，往往会压得孩子直不起腰。

过高的期望会像一座大山压迫着孩子，影响着孩子的身心健康，适当压力使孩子学习进步，压力过大只会激起孩子的反抗心理。

所以，只要孩子不是不学，我们就不要给孩子太大压力了。

不紧盯，孩子才能越学越优秀

紧盯着孩子学习，除了孩子的成绩别的都不关心，这种状态已经成为当今家长们的"通病"。有的家长更是厉害，不断地追问孩子有关上课、考试的细节，生怕自己一会儿不看着孩子，孩子的学习成绩就会下降。正因为如此，他们宁可不做其他的事情，也要盯着孩子的功课，对于孩子的课业和学习那是绝对的尽心尽力，而对孩子涉及情绪、周边关系的倾诉却十分淡漠。这种"冷热不均"的状态，会极大地影响到孩子的健康成长和成熟。

有些家长或许会说："不每天了解孩子的学习成绩，不天天看着孩子写完作业，我不放心。"于是，我们看到，很多家长下班的第一件事情就是询问孩子的作业，询问孩子的成绩，甚至会翻开孩子的考卷，对孩子做错的题进行批评，认为只有对孩子的功课进行严格的管教，孩子才会在学习上更加优秀，其实，细心的家长会发现，这样做的结果并不好，反而使孩子更加厌倦学习。

学习讲究的是一种兴趣，有了学习的兴趣会让孩子在学习上变得主动。如果孩子对学习提不起兴趣，那么爸爸妈妈再费心，孩子的成绩恐怕还是会亮起红灯。

谢俊最讨厌的事情就是放学回家的路上，因为每天爸爸都会来接自己，而每次在车上爸爸问的第一件事情就是"学习"。谢俊已经上二年级了，但是他的爸爸对每天的学习都要了解，而对于其他的事情从来不问。要知道他每天见到爸爸的时候，最想将当天发生的事情都告诉爸爸。比如说今天和小朋友玩了什么游戏，今天老师夸奖了自己，今天小明和小雷发生了矛盾，等等。

今天爸爸照常来接他回家，在车上又一次问起了谢俊的功课："俊俊，今天考没考试啊？"谢俊没好气地说道："没有。"而此时爸爸又问道："那今天老师留作业了吗？"谢俊没回答，爸爸又问了一遍，谢俊点点头。爸爸似乎看出了谢俊不开心，然后就没有再问。

这一次谢俊考试没有考好，只考了班里的第5名，平时都是第3名。因为这件事情，谢俊的爸爸很着急也很生气，然后更加对孩子的学习上心了，每天都会对孩子进行询问，并且还会给孩子增加作业。谢俊更加厌倦学习了，于是，在上课的时候，便开始不认真听讲，平时也不怎么爱说话了。渐渐地，谢俊的爸爸发现自己的儿子更是不好好学习了。

家长关心孩子的成绩本不是一件坏事，但是千万不要紧紧地盯着孩子的学习，不要将询问孩子的学习情况看作是一件每天必须完成的事情。要想孩子学习好，就要培养孩子的自主学习能力，让孩子对学习产生兴趣，这样一来，即便爸爸不盯着孩子学习，孩子也能够学习得很好。如果谢俊的爸爸能够考虑到这一点，那么谢俊也不会对学习产生厌倦的情绪。

所以建议大家，在孩子回到家中之后，爸爸妈妈们不要急于问孩子的成绩，要先问问孩子在学校发生的事情，让孩子自己讲述今天开心的事情。孩子会将自己学习的情况主动地告诉你，与此同时，孩子会觉得爸爸妈妈是在关心自己，自然对爸爸妈妈的询问不再抵触。

教养的秘密

我们常看到一些家长在孩子写作业时，坐在孩子身旁指手画脚，很害怕孩子会出错，也不希望孩子出错。

其实家长根本没有必要这么做，要让孩子独立完成作业。即便是出现错误，也可以在孩子做完之后再给孩子进行指导，这样不但能够增强孩子学习的积极性，同时还能够让孩子养成独立学习的习惯。

孩子成绩差，一样可以读北大

很多孩子厌学的一个原因是因为成绩差。成绩差给孩子带来了很多压力，孩子会怀疑自己的智商，担心父母责骂自己，这会使他们越来越讨厌学习，并且产生不安感。

对于这种情况，家长来"硬"的是没有用的，越骂反而会越糟糕。只有正确诱导，宽慰和鼓励孩子，才能带孩子走出低谷，让他们忘记学习的烦恼。

有个孩子平时学习很努力，上课认真听讲，积极完成作业，但是考试时，同桌很轻易地就考了第一，而自己才考了全班第十九名。

回家后，他困惑地问他的母亲："妈妈，我是不是个笨孩子啊？我觉得我和同桌一样听老师的话，一样认真地做作业，可是，为什么我总比他落后？"

妈妈明白，儿子的同桌给他造成了很大的压力。但是她不知道该怎样回答孩子的问题。

又一次考试后，孩子考了第十六名，而他的同桌还是第一名。回家后，儿子又问了同样的问题。妈妈觉得很苦恼，因为她不想说一些话来应付孩子，比如，你太贪玩了；你在学习上还不够勤奋；你和别人比起来还不够努力……因为她知道，像儿子这样头脑不够聪明，在班上成绩不甚突出，却一直在默默努力的孩子，平时活得已经够辛苦的了。然而这个孩子却一天天消沉起来，他在学习时总是心不在焉，老师甚至反映说，孩子曾几次逃课。眼看孩子的厌学倾向越来越明显，当妈妈的决心为儿子的问题找一个完美的答案。

周末，妈妈带着儿子一起去看海，就是在这次旅行中，这位母亲解决了儿子的烦恼。

母亲和儿子坐在沙滩上，海边停满了争食的水鸟儿，当海浪打来的时候，小水鸟总是能迅速地起飞，它们拍打两三下翅膀就升入了天空；而海鸥总显得非常笨拙，它们从沙滩飞入天空总要很长时间，然而，母亲告诉儿子真正能飞越大海、横跨大洋的却是这些笨拙的海鸥。

同样，真正能够取得成就的人，不一定是天资聪颖的孩子；而一直努力不断的孩子，即使天资不高，也一定能获得成功。

现在这位做儿子的再也不为自己不如同桌而讨厌学习，也再没有人追问他小学时成绩排第几名，因为他已经以全市第一名的成绩考入了北京大学。

生活中，很多成绩差的孩子并不是不努力的孩子，因此不要看到孩子成绩糟糕，就对孩子横加指责。这样做不但对提高孩子成绩毫无助益，甚至还会起到反效果。在家长的指责声中，孩子就会认为"我是个笨蛋，无论如何也不会成为父母期望的样子的"。于是他们就会陷入成绩怪圈：越考越差，越差越讨厌学习。

所以，如果你的孩子成绩不好，你不妨先从自身找找原因，然后再想想，怎样才能帮他迎头赶上。

在这里，给大家总结了几个帮助成绩差的孩子告别厌学情绪的方法，大家可以参考一下：

比如：用小小的成功帮孩子建立信心。

张先读小学二年级，他不是个特别聪明的孩子，反应速度不够快，数学就是他最差的科目。别的小朋友可以轻松回答的问题，张先总要想上半天，因此张先越来越讨厌数学，在家里一让他做题他就说头痛。这让张先的父母也很烦恼，后来，爸爸想出了个主意：他找了几道简单的四则运算题，从单位回来后告诉张先，这是二年级数学竞赛的题目，想让张先做做看。张先皱着眉头拿起笔，意外的是，20分钟后自己竟成功地做出了六道题。爸爸高兴极了，他大声地告诉张先："你太棒了！简直是个天才，你怎么说不喜欢数学呢！看这几道题解得多好啊！""真的吗？"张先激动得小脸发红，他第一次觉得数学其实是很可爱的。

张先爸爸灵活诱导，激发出了孩子的学习兴趣。

儿童心理学家认为，经常有意识地安排一些比较简单的题目，让因成绩较差而厌学的孩子做，并及时给予褒奖、赞美，那么孩子的自信心自然容易建立,厌学的情绪必定也会得到改变。

比如,鼓励孩子重新振作精神。

陆旭垂着头回到家里,这一次又考砸了,看来一顿责骂是免不了了。

妈妈接过试卷一看正要发火,来做客的舅舅却劝住了妈妈。

舅舅看了看试卷后,温和地帮陆旭分析考试失利的原因,告诉他题目正确的解法,还鼓励陆旭说:"陆旭,考场是最公平的,只要你多用功,它就会给你回报!我家陆旭这么聪明,只要肯努力,进入你们班前三名肯定没问题呀!怎么样,努力给舅舅看看好不好?"陆旭开心极了,郑重地点了点头,那年期末考试,陆旭果然考了个第二名。

成绩差的孩子更需要家长的安慰和鼓励。父母应适时地帮助孩子从失败和挫折中总结教训,在哪里跌倒就从哪里爬起来。这样才能使孩子重建信心,振作精神。

比如,给孩子找个榜样。

米帅是个活泼的小男孩,兴趣广泛,就是讨厌学习,米帅爸妈为此很是发愁。

后来,米帅爸妈通过与老师沟通,最终想了个办法:把他和班上的学习班长陈晨调到了同桌位置上。这下好了,米帅这回可有时间向他请教学习技巧了。好在陈晨也是个热心肠,很乐于当这个小老师。

慢慢地,米帅对学习感觉也不再那么恐惧了,感到原来学习也这么有趣。终于,一次考试,米帅考了个史无前例的第五名。米帅在看到成绩时禁不住抱着陈晨欢呼起来:"我终于考进前五名了。"从此,米帅和陈晨也由两个本无交往的同学变成了无话不谈、形影不离的好朋友。

榜样的力量是无穷的,如果你多鼓励孩子和成绩优秀的同学交朋友,从他们身上学习良好的方法和思路,时间一长,孩子自然就会受其影响,改变厌学的态度。如果这个同学碰巧是孩子喜欢的人,那就更好了,这样将对他的影响更大。

厌学的孩子最讨厌的就是父母强制自己学习,这样做只会使他们对学习厌烦,充满敌意,对提高学习成绩也不会有任何帮助。因此聪明的父母要掌握孩子的心理,运用诱导计激发孩子的学习兴趣和学习热情,一点点地提高孩子的学习成绩。

教养的秘密

爸爸妈妈应该明白,诱导、鼓励的力量远远大于批评和指责。当孩子成绩不好,在你要发火时不妨忍一忍,换一种方式看,也许你会给孩子和你自己一个惊喜。

孩子有了兴趣,学习不是问题

一般来讲,当家长发现孩子厌学时,通常会非常失望、恼怒,进而斥责孩子,逼孩子努力学习。然而教育学家发现,这样做效果通常并不好,孩子如果不是真心想学,那么再逼他也是没有用的。

新学期开始了,妈妈又开始忙着为小新落实兴趣班的报名事宜了。

上学期，鉴于幼儿园的特色及小新的自愿性，妈妈替他报了绘画和声乐班。尔后，小新时常表示对武术班感兴趣。于是，妈妈一早就答应他，新学期开班，就为他报武术班。不过，在前不久聊天中，小新已流露出对声乐班的排斥。妈妈很纳闷，孩子一向都喜欢唱歌的呀，老师也反映他的表现不错。但基于尊重孩子的初衷，妈妈觉得还是要再征求一下小新的意见。

结果，当妈妈列举兴趣班的课程时，小新直接就表示："我喜欢画画，我也喜欢武术！"

"那声乐班呢，小新真的不愿意再学唱歌了吗？"妈妈还是忍不住问了一句，心里不免觉得有些遗憾。

"我不喜欢声乐班！"小新不假思索地回答。

"小新，能告诉妈妈为什么不喜欢声乐班吗？是不喜欢唱歌，还是觉得在那里没意思啊？"

"我觉得没意思！"小家伙回答得很认真。

到了幼儿园以后，小新妈妈就此事与老师进行了交流，提出了自己的困惑。因为，小新之前是很喜欢唱歌的，小新妈妈觉得有必要再听取一下老师的建议。

老师的一番话解开了小新妈妈心中的疑团。她也觉得小新现在没有必要参加声乐班，因为那儿基本都是大班的孩子，在一起时连声音都压过了小班的孩子。不像在自己班里，小新更乐意投入。

是呀！在这种情况下，孩子得不到表现的机会，自然会感觉到失落，同时也难以融入其中，又怎么能感受到其中的乐趣呢。一番简单的沟通，小新妈妈顿时茅塞顿开，毫不犹豫地放弃了声乐班。

我们应该为小新感到庆幸，因为妈妈不仅乐于去倾听他的心声，而且也着实放在心头重视了。

"兴趣"是人的认识活动所需要的情绪表现。如表现在人们认识事物过程中的良好情趣上。一个人对某一事物有兴趣，他才愿意更深入、更多地认识对他有意义的这个事物。

我们应该明白，每一个孩子都有自己的性格特征、兴趣爱好，爸爸妈妈必须善于发现和引导，一旦孩子对某事物产生了兴趣，强烈的求知欲就会促使他主动去学习，效果事半而功倍。

爸爸妈妈在培养孩子学习兴趣时，切忌粗暴干涉、硬性强制或教条主义，应根据孩子的年龄特点和心理特点，以参与者的身份、商量的口吻、生动有趣的方式、和蔼的态度出现在孩子的面前，使孩子感到亲切，心情愉快，这种心理效应对于激发和培养孩子的学习兴趣具有非常大的作用。

教养的秘密

孩子对学习产生兴趣，才能更加主动认真地去学习。

所以说爸爸妈妈应该想办法激发孩子的学习兴趣，比如说可以在和孩子做游戏的时候帮助孩子去学习。当孩子对学习产生兴趣之后，爸爸妈妈不用紧盯着孩子，孩子也会门门功课都很优秀。

耐心答问题，成全孩子的思考力

学问就是"学"和"问"，意思就是一定要学着怎样去问问题。学习不思索、不质疑、不提问，怎么能学到真正的学问呢？

孩子能够提出问题，表明他经过了认真的思考。不管孩子提出的问题是多么天真幼稚、多么搞笑、多么不可思议，父母都要保持鼓励的态度，保护孩子这种用心思考的精神。

培养孩子勤于思考的习惯，就要认真而有耐性地回答孩子的提问，并给予肯定和鼓励。只有这样，才能激发起孩子爱思考的好奇心。

在飞机上，一位妈妈与她的两个孩子一直在讨论一些有趣的问题。比如飞机怎样飞，飞机在飞的时候为什么里面的物体"不会动"，飞机上的窗户为什么不能够打开，这么大的飞机是怎么飞上天的，为什么人不会飞等。

对于孩子提出的每一个问题，母亲总是耐心地回答。当然，母亲并不能准确回答每一个问题，那她就和孩子热烈地讨论着，孩子的兴趣越来越大，提出了绝大部分成年人没想到而且回答不了的问题。

孩子的好奇心既是孩子思考的温床，也是孩子提问的源泉，所以想要培养孩子勤于思考的习惯，就绝不能扼杀了孩子的好奇心。

孔子在《论语》中告诉人们："学而不思则罔。"洛克威尔曾说："真知灼见，首先来自多思善疑。"先贤哲人都认为，思考是学习的点金术。

正是如此，瓦特看到水开了，在不懈地思考中发明了第一台蒸汽机；牛顿看到苹果落地，经过冥思苦想，发现了万有引力定律……由此可见，善于思考者必定受益无穷。如果父母从孩子小时候起，就培养他勤于思考的习惯，那么这对于孩子的学习成长将会非常有益。

有一个孩子，从牙牙学语时起，父母就很注意培养他动脑的习惯。父母去商店买油盐，就带上他，让他去看售货员打算盘、做计算。很快，这个孩子对奇妙的阿拉伯数字产生了浓厚的兴趣。回到家，父母便教他学习简单的加减法。

过春节，父母忙着做汤圆，母亲便问他："数一数，做了多少个？"

"28个！"这个孩子一一数完了，响亮地回答。

"再做几个，每人就能都吃到10个汤圆呢？"母亲启发他。

"再做两个就够了！"

当这个孩子再长大一些，父母就让他独自到商店里买油打醋。每次买东西回来，他把账都报得一清二楚。就是这种让孩子处理问题的方法培养了他勤于思考的习惯。

因为拥有勤于思考的习惯，上学后他的智力超出同龄孩子许多。在短短的数年内，他便学完了别人用10年才能学完的功课。

这个孩子就是顺利考上中国科技大学的15岁大学生施展。

由此可见，培养孩子勤于思考的好习惯，非常有益于孩子的学习和成长。善于思考是一种好习惯，它能传承精华，去除糟粕，是孕育智慧的火花。家长绝不能因为孩子的问题繁多、幼稚而熄灭了孩子孕育智慧的火花。

教养的秘密

孩子问题多，恰恰说明孩子的思维在积极运转，他提出的问题，往往是他的新发现。

而当父母正视孩子的问题，对他的问题给予积极回应时，不仅能促进孩子认知的发展，而且能激发孩子探索的兴趣，继而强化孩子的思维能力，使之养成良好的思考习惯。

满足好奇心，允许男孩搞破坏

给孩子新买的电动车，被孩子拆得七零八落；旅游时带回来的工艺品小木船，也被孩子给"分解"成一块块碎木片……这几乎是每个爸爸都会遇到的情况，那么，大多数家长在这种情况下会有什么反应呢？一般是大声呵斥，或是反复说教。事实上，这种方式应对并不可取，我们给爸爸的建议是：纵容孩子一次，满足孩子的好奇心，让孩子在"搞破坏"中提高创造力，不也是一件好事吗？

沙克是个生活刻板严谨的人，做事情总是规规矩矩。但这么一个讲究规矩的人，却有一个最调皮捣蛋的儿子谢里夫。

谢里夫是个9岁的孩子，成天都在不停地动，不知疲倦地摔碎器皿，弄坏东西，惹是生非。他与他的父亲在个性上表现为两个极端，因此两父子之间的战争一天之中不知要发生多少次。

有一次，谢里夫把舅舅送给他的望远镜拆开了，想看看里面究竟藏了些什么，这自然会招致他父亲的愤怒。不过，拆东西可算是谢里夫最大的爱好了，凡是让他感到好奇的东西，都逃不过被拆的命运，当然因此他也没少挨父亲的打骂。可是无论父亲怎么打骂，他的这个毛病始终也改不了。

还有一次，谢里夫竟然把一块金表给拆开了，要知道，这块表是谢里夫故去的爷爷留下来的遗物，有七十多年的历史，沙克一直十分珍惜，总是带在怀里，从不离身。不久前，表出了点故障，必须拿去修理，哪知还没来得及修，就被他这个调皮的儿子给翻了出来。现在这表被大卸八块，零件散落了一地。沙克立即暴跳如雷，一耳光将儿子扇得坐在地上，而且还准备再冲上去打他一顿。

然而妻子却拦住了他："请不要打了，你这样打孩子太过分了。"

沙克火冒三丈："不，这是他应得的！你看他把我的表弄成什么样子。"

"谢里夫是弄坏了表，但是你认为一块表比自己的儿子更重要吗？"

这时，谢里夫抽抽咽咽地辩解说："我没弄坏表……我只想帮你把它修理好……"

妻子在一旁气愤地说道："不管谢里夫是修表还是拆表，你都不应该打他，恐怕又一个'爱迪生'就这样被你给'枪毙'了。"

沙克愣了一下，问道："我不懂你这话是什么意思？"

"孩子拆开金表，他也只是想知道金表里到底有什么，这是一种好奇心，这是有求知欲和想象力的表现，也是一种创造。如果你是一个明智的父亲，就不应该打孩子，而应该理解孩子，要给孩子提供从小就能够动手的机会。"

妻子的话给沙克很大触动，当天晚上他带着金表零件来到儿子的房间，在真诚地向儿子道了歉之后，主动提出和儿子一起修理金表。谢里夫原谅了父亲，并答应和父亲一起修理。在这个过程中，沙克才发现儿子原来如此的聪明，手指也非常灵巧，他记得零件应该放在什么位置，甚至还能说出一些零件在手表中所起到的作用。

研究人员发现，手指活动灵巧的孩子，大脑的思维活动往往非常活跃。在手工活动中，孩子进行的拆装、粘接、装配等一系列动作，都要通过听、视、触等感觉系统传入大脑的运动区，再由大脑的运动区发出指令，不断地调整手的动作，这样反复循环刺激，能使脑细胞的功能得到加强，思维水平得以提高。因此，孩子在他们感兴趣的手工活动中，能够得到智能的发展。遗憾的是很多父母在不知不觉中，总是以种种理由抑止孩子这一好奇心驱使下的美好天性。

奉劝爸爸妈妈们，在教育孩子时不要怕麻烦，认为孩子搞手工劳动要摊放材料、工具，弄得家里凌乱不堪；也不要怕孩子弄脏衣服、弄脏了手。爸爸不妨为孩子提供专门的衣服、擦手的抹布。至于孩子使用剪刀、针等危险工具，开始可以指导孩子使用，以后再逐步让孩子独立使用。这样既可以避免孩子初次使用时受到伤害,也能达到训练孩子心、眼、手的协调性和灵活性的目的。实际上,在一些"破坏活动"中,只要注意培养孩子的一些好习惯,许多问题都可以解决好。父母千万不要因小失大,使孩子失去锻炼自己的机会。

教养的秘密

我们思想的发展,在某种意义上常常来源于好奇心。孩子学习最为宝贵的动力就是好奇心、求知欲、学习中的乐趣。

不要再简单地说孩子越来越淘气了,这正是孩子好奇心的表现,父母不能在言语上、行动上不自觉地压抑甚至扼杀孩子的好奇心。

让胡思乱想变成孩子的想象力

天空是飞机的世界,学习就像飞机在知识的天空中飞翔,而想象力就是飞机的翅膀,有了想象的翅膀,飞机才能够在知识的天空中飞翔。

达尔文从小就是一个想象力很丰富的孩子,他尤其热爱大自然,喜欢探险、采集各种标本。

他的父母对培养儿子的想象力很重视,总是想方设法地满足孩子的兴趣和爱好,鼓励他努力学习,探索真理,这对达尔文以后成为闻名于世的生物学家产生了很大的影响。

一天，小达尔文和妈妈一起到花园里种树。妈妈对达尔文说："泥土是个宝，小树只有在泥土中才能长成参天大树。别小看这泥土，它能长出青草，青草又喂肥了牛羊，我们才有奶喝，才有肉吃；是它长出了小麦和棉花，我们才有饭吃，才能填饱肚子，才有衣服可以御寒。泥土太宝贵了。"

这些话，让小达尔文想到了一个问题，他疑惑地问："妈妈，那泥土里能不能长出小狗来呢？"

"当然不能呀！"妈妈笑着说，"小狗不是泥土里长出来的，是从狗妈妈的肚子里生出来的。"

达尔文又问："我是妈妈生的，妈妈是妈妈的妈妈生的，对吗？"

"对呀！所有的人都是他自己的妈妈生的。"妈妈微笑地回答。

"那最早的妈妈又是谁生的？"达尔文接着问。

"是上帝！"妈妈说。

"那上帝是谁生的呢？"小达尔文穷追不舍地问。

妈妈一时答不上来了。她对达尔文说："儿子，世界上有好多事情对我们来说是个谜，你快快长大吧，这些谜需要你去解释呢！"

就这样，达尔文怀着想象，不断地去探索、追寻，最后他成了闻名于世的生物学家。

如果达尔文没有想象力，那么今天的"进化论"也许就不会存在了。而达尔文的父母最成功之处，就在于支持儿子的想象力。

每个孩子都有自己独特的想象空间，不同的父母将挖掘不同的宝藏。所以,我们要让孩子拥有丰富的想象力,帮他们挖掘出最大的宝藏。

培养孩子的想象力,就应该支持和鼓励孩子的"异想天开"。现代速算法的创始人史丰收能有震惊世界的成就,就得益于他小时候的异想天开。

史丰收小时候总是出人意料地做一些"离谱"的事,说一些"异想天开"的话。他曾把死兔子放在炕上,想把它烤热救活,他也曾缠着大人问人死了为什么不能再活……

上幼儿园时,老师教孩子们写"大小"二字,史丰收却按照自己的理解将"小"字写成"十"字。老师给他纠正,说他写得不对,但史丰收不服气地辩解说:"'大'字两条腿向外伸得大大的,'小'字两条腿应该向中间缩得小小的,所以小应该写成'十'。"他这一番荒诞不经的解释让老师又好笑又好气。

后来,上了小学,在学四则运算的时候,史丰收提出一个"离经叛道"的问题:"运算时能不能从高位算起呢?"老师没有批评他问得奇怪,而是鼓励他说:"古今中外,几千年来都是从低位算起的,这是古人总结的经验,你要是有本事,也可以发明创造嘛!"

正是老师在课堂教学中站好了创新的制高点,对史丰收的成长给予了鼓励。才使他在那个特殊的年代,一直"异想天开"下去,他不但天天想、时时想,而且无论是吃饭时,还是在走路时,他都在想象着。长大后,他终于成了中国家喻户晓的名人。

想象力比知识更重要,因为知识是有限的,而想象力概括着世界的一切，推动着世界进步，并且是知识进化的源泉。严格地说，想象力是科学研究的实在因素。支持孩子的"异想天开"，会使孩子在将来得到意想不到的收获。

　　父母可以常常和孩子做这样的游戏，比如，父母说："这是一个下雪天，想想看是什么样子？"孩子根据他的想象进行描述。反过来，孩子也可以问父母："这是一个下雨天，想想看是什么样子？"此时父母应尽量认真细致地描述一番，从中给孩子一些启发。诸如此类的问题有很多。在想象时，孩子的水平会有差别，父母要引导孩子讲述更加丰富的内容，让孩子尽情地说出他的想法。即使他的答案很滑稽，甚至不合逻辑，都不要批评，唯有父母的倾听、接纳才能引导出孩子更好的答案。

教养的秘密

　　要培养孩子的想象力，可以从阅读科学幻想作品开始，以启发、培养孩子对于想象的兴趣。

　　在科学史上，许多有作为的、想象力丰富的科学家，在小的时候，都曾对科学幻想作品有着强烈的兴趣，这对他们以后的成就不无影响。

请帮孩子把学习加上一个持久性

学习是一件非常辛苦的事，也是一件需要持久坚持的事，所以人们常说学贵有恒，也因此荀子写下了"骐骥一跃，不能十步；驽马十驾，功在不舍"的传世名言。

李白小的时候非常贪玩，不用功读书。有一天，他到野外游玩，见到河边有位白发苍苍的老婆婆，手里拿着一根大铁棒，在石头上用力磨着。李白很奇怪，就上前问道："老婆婆，您这是在干什么呀？"

老婆婆一边磨铁棒，一边回答说："我想把它磨成一根绣花针。"

李白被老婆婆的行为所感动，向她深深地行了个礼，回家后持之以恒地学习，最终他成了中国诗坛上有名的诗仙。

王献之8岁的时候就跟父亲王羲之学习书法，他聪明好学，每天都要伏案练字。可是，时间一长，王献之就有点儿沉不住气了，感到厌烦，想走捷径，就问父亲学书法有什么秘诀。

王羲之指着家里的七口大水缸说："秘诀就在这七口缸里，你把这七口缸里的水写完了，自然就知道其中的秘诀了。"

王献之从此苦练基本功，真的写完了七口大缸里的水，终于成为与父亲齐名的大书法家。

李白和王献之之所以能够成为中国历史上诗坛和书法界的名人，和他们持之以恒的学习是分不开的。即使是天资聪颖的孩子，如果学习不能够持之以恒，那么他也只能庸庸碌碌一生。

王安石笔下的方仲永，生来天资聪颖，六七岁时就能够吟诗作文，并且别人指定物品让他写诗也能立刻完成，诗的文采和道理都有值得观赏的地方。一时之间，乡里乡亲都请他们父子二人到家里做客，并求诗文。

方仲永的父亲见有利可图，便不让方仲永学习了，天天带着他四处拜访同县的人。等方仲永十二三岁时，王安石让他作诗，他写出来的诗已经不像样了。再过七年的时候，方仲永的才能已经消失，完全如同常人了。

由此可见，生来聪慧的孩子，如果中断学习，他先前的才华，也只能是昙花一现，他也只能平庸地终老一生。

孩子的好奇心比较重，见什么喜欢什么，见什么想学什么，但是常常不能持久，所以培养孩子持之以恒的学习习惯，可以从他们的兴趣爱好做起。

一位小朋友和妈妈去阿姨家做客，发现阿姨家的钢琴挺好玩的，于是就要学钢琴。妈妈针对他以前学美术时耐性不够的缺点，一开始并没有答应他，只是常带他去看别的孩子弹琴，让他感受练琴时的辛苦和枯燥，让他知道练琴所需要的耐性和坚持。

除了这些，妈妈还给他讲了好多名人持之以恒而取得成功的事例，并且告诉他如果想和钢琴家一样能弹出优美动听的旋律就得付出代价。

接下来妈妈告诉他,如果要学就要坚持不懈,不能遇到困难就退缩。这位小朋友经过考虑,答应了。为了防止他坚持不下去,这位妈妈首先以身作则,每次都坚持同他一起去学,每晚都要在旁边鼓励他,遇到有难度的曲子时,还和他一起练,和他比赛,看谁能先学会弹奏。

如学到四手联弹时,妈妈就和他比谁的音阶和节奏最准,比谁的手形最好看。在学歌曲时,就让他自弹自唱,每次还为他评分,让他有种演奏家的满足感。

就这样自始至终,这位小朋友对钢琴都怀着极浓厚的兴趣,每周到老师家里学琴都很积极,每次都迫不及待地要求老师检查功课。正如老师所讲,这位小朋友是她所教学生中对钢琴最有兴趣、完成功课最好且一直能坚持下来的一个。

培养孩子持之以恒的学习习惯,可以激起他们学习的兴趣,让他们在兴趣中坚持,因为兴趣是最好的老师。

学贵有恒,胜不骄,败不馁,坚持下去,成功就在眼前。

教养的秘密

不少孩子在学习中不能持之以恒,就是因为感觉学习太枯燥了。所以,家长应该想办法让孩子感受到学习是快乐的。

学习过程中难免会遭遇挫折,一次考试的失利抑或一道难题,都可能让孩子意志消沉。爸爸妈妈要告诉孩子,学习是需要打持久战的,不可轻言放弃。